[改訂版]

国際機関への就職

NGO，協力隊からJPOへ

伊藤　博［著］

創成社

関連機関ホームページ

外務省国際機関人事センター［JPO派遣制度］
http://www.mofa-irc.go.jp/jpo/index.html

日本ユニセフ協会［海外インターン・プログラム］
https://www.unicef.or.jp/inter/inter_haken.html

国際協力機構［JICAボランティア］
https://www.jica.go.jp/volunteer/application/seinen

まえがき

「ビジョン」を描く

国際機関での就職に限らず、人生においてある程度大きな何かを成し遂げるにはビジョンが必要だ。やや専門分野の用語になるかもしれないが、経営戦略でいうビジョンとは組織のミッションを実現するための3年から10年の中期ゴール達成プランのことである。ミッションとは、ある組織の存在意義やその組織が生み出す価値を示したものである。ビジョンやミッションは、個人の夢や目標の実現などにも応用できる。ミッションはある個人の存在意義、存在価値であり、ビジョンはそういった価値や意義を生み出すにはどうすればよいか、というアクションプランともいえる。

筆者は大学3年生であった21歳の時にまず理想の28歳になるためにはどうすればよいか、というビジョンを描いた。そして、それに関連する目標を設定した。たとえば海外の大学院での修士号取得、ビジネスレベルの英語力の習得、数年の職務経験を積むこと、などである。もちろん当時は戦略としての「ビジョン」という言葉は知らなかった。ただ当時の私にとっ

本文中にもあるように，大学３年生の時，普通に就職活動を行うことに関して不安を感じた私はどのようなスキルや資格，経験を積むべきかについて考えた。

21－28歳のビジョンプラニング	
目　標	海外の修士号，ビジネスレベルの英語力，数年の職務経験
21－22歳	大学を１年間休学し，米国へ私費語学留学
22－23歳	大学院進学準備（TOEFL，GRE等），卒業論文執筆
23歳	大学卒業
23－24歳	大学院進学に向けてブラッシュアップのための語学留学
24歳	大学院修士課程入学
25歳	大学院修士課程修了（M. A. 取得）
26－27歳	米国にある日系教育サービス会社に就職
27－28歳	米国およびグアテマラのNGOにて活動

21歳の時に漠然と考えた，28歳までに習得しておきたいスキルや資格，経験は，偶然にもJPO応募資格と合致していた。だが，これでは最低限の資格を満たしているにすぎず，他の応募者との差がつかないと感じた。そこでJPOの応募年齢制限である35歳までに何をするべきかを考えた。

28－35歳のビジョンプラニング	
目　標	海外の博士号，さらなる英語・スペイン語力，さらなる職務経験
28－29歳	青年海外協力隊応募準備および博士課程進学への準備
29－31歳	協力隊・村落開発普及員としてパラグアイへ派遣される
31－32歳	博士論文に向けてパイロット調査を開始
32歳	大学院博士課程進学
34歳	ユニセフにて有給インターン
35歳	大学院博士課程修了（Ph. D. 取得）
35－37歳	ユネスコJPO…その後は？

＊ビジョンを３－10年の中期プランと定義し（Kaplan & Norton, 2008），７年一周期とした。

JPOへのビジョンプラニング

て28歳といえば中年ともいえないが若すぎる訳でもない、人生の全盛期のようなイメージがあった。次に、それらの目標を達成した後、28歳から35歳まではさらに具体的なプランを立て、どうすれば目標であったＪＰＯ（後述）に合格することができるのかについて戦術を練った。例えば博士号の取得や第2外国語の習得、途上国でのさらなる経験を積むことによって、他のＪＰＯ応募者との差別化を図った。ＪＰＯ受験において確実に自己ＰＲするための戦略としてのビジョンを着実に実行したことが成功につながった。しかしユネスコで働くという「目標」を達成した35歳からは将来のキャリアについて明確なビジョンが描けず、半ば当たり前のように37歳で無職になった。ビジョンを失った人間のもろさを如実に示した事例である。このようにこの本は主に私の失敗談をもとに書き記すものである。

ＪＰＯ派遣制度とは

詳細は後述するが、私は２０１０年9月から２０１２年9月まで、国連教育科学文化機関（ユネスコ）でＪＰＯとして勤務した。ＪＰＯとはジュニア・プロフェッショナル・オフィサーの略で、日本の場合、外務省が国際機関における日本人職員の数を増やすために経費を負担し、一定期間派遣する制度である。通常の任期は2年間である。その任期の間は、給与も含めて国際公務員としての扱いを受ける。応募時に35歳以下であるという年齢制限のほか、修士号を取得していること、2年以上の職務経験があること、英語での職務遂行が可能であることが必要条件である。第一次選考の書類選考を通過し、第二次選考の面接試験に合格すればJPOになれる。そして、その任期の間もしくはその後に正規ポストに応募して合格すれば本当の意味での正規職員になることができる（もっとも近年の国連機関は形式的ではあるようだが2年ごとの契約更新という制度になっているため、厳密には終身雇用とは異なる）。

JPOの求人分野としては、開発、人権、人道、教育、保健、平和構築などの分野に加え、IT、ロジスティクス、調達、法務、財務、広報、人事、会議管理、モニタリング評価、環境、工学、理学、農学、薬学、建築、防災などが挙げられる。

派遣対象となる機関としては、国連事務局、UNEP（国連環境計画）、UNCTAD（国連貿易開発会議）、UNDP（国連開発計画）、UNFPA（国連人口基金）、UNICEF（国連児童基金）、UNV（国連ボランティア計画）、WFP（国連世界食糧計画）、UN Women（ジェンダー平等と女性のエンパワーメントのための国連機関）、ILO（国際労働機関）、ITU（国際電気通信連合）、FAO（国連食糧農業機関）、UNESCO（国連教育科学文化機関）、UNIDO（国連工業開発機関）、WHO（世界保健機関）、IAEA（国際原子力機関）、UNAIDS（国連合同エイズ計画）、UNOPS（国連プロジェクト・サービス機関）、UNFCCC（気候変動枠組条約事務局）、ICC（国際刑事裁判所）、

ＩＯＭ（国際移住機関）、ＯＥＣＤ（経済協力開発機構）、などがある。

ＪＰＯ経験者でもあり、現在はユネスコ・バンコク事務所で国連職員をしている宮沢一朗氏は自身のブログ「教育開発の仕事」のなかで、国際機関を目指す若者に対し次のように述べている。「自分が本当に何をしたいのかを明確にし、それを実現できる場所が国際機関、という流れにならないとただ国連に憧れているだけではＪＰＯをやっただけでおなかが一杯になってしまう」。

宮沢氏は協力隊員としてケニア、ユニセフＪＰＯとしてタンザニア、ユネスコ職員としてバングラデシュやパキスタンなどでの職務経験を持つ筋金入りの国際教育開発専門家である。そんな彼の言葉には他の人の言葉にはない説得力がある。私は宮沢氏のブログをＪＰＯになる前から参考にしており、メールを通してＪＰＯの派遣対象となる組織や部署に関するアドバイスもいただいていた。にもかかわらず結局は彼の発言通り、私も「ＪＰＯをやっただけでおなかが一杯」の結果となってしまった。

言い訳であるが、私は元々国際機関で働くこと自体が目的というよりは、国際協力に携わる者として国際機関が選択肢の1つとして存在し、実際に国際機関のなかで働くことがどんなものなのかを知りたくてＪＰＯになろうとした感が強かった。たとえば私の博士課程の指導教官でもあったカリフォルニア大学ロサンゼルス校（ＵＣＬＡ）のカルロス・アルベルト・トーレス教授は、世界銀行や国連などの国際機関をネオリベラル組織として、数々の論文や著書のなかで批判してきた。当然、彼のような外部からの批判者も必要であるが、実際にそういった国際機関のなかで働くことで、彼らとはまた違った視点を得ることができるのではないか、また組織のなかに入らないとわからないことも多々あるはずだ、という思いがあった。そして国際機関で働くという目標を達成するための選択肢の1つとしてJPOがあった。

実際に働いてみると、やはりその経験から学んだことも落胆したことも多かった。そういった意味では国際機関で働くという当初の「目標」を達成したはずであった。しかし私にとって「本当に自分がやれるだけやったのか。自分がそれまで培ってきた経験や能力を活かせるような環境を自分で選択してこなかったのではないか」という不完全燃焼感の残る経験でもあった。これも、十分なビジョンを練り上げることができなかったがための失敗である。

前述のように、ビジョンというのはミッションを達成するためのアクションプランである。国際機関で働くというのは私のビジョンではあったが、確固たる人生のミッションではなかった。社会貢献や国際協力をしたいというミッションを実現するための通過点としてもJPOが位置づけられていたはずであるが、どこかでミッションとビジョンの境界線があいまいなものになってしまっていた。経営戦略においても、ミッションとビジョンを混同する組織はまず失敗する。私の経験はその理論を実践してしまった典型といえる。

繰り返しになるが、ＪＰＯは国際機関における正規職員の数を増やすための制度である。従って筆者は国際機関に残れなかったという意味では「負け犬」ではある。しかしその失敗経験から学べる教訓もあるかもしれない。人間は成功より失敗から学ぶことの方が多いということは科学的にも示唆されている。そこで本書では筆者のＪＰＯとしてのユネスコ勤務の内容をはじめ、ユネスコ勤務へ至る経緯、及びその後について筆記する。これらは筆者個人の体験記であり、通常の大学教員が書くような学術的な内容とはほど遠い。ＪＰＯを目指すプロセスに直接関係のない記述も多くあることを断っておく。本文中でも述べるように、人生、何が役にたつかわからない。これからの未来へはばたく若い世代がＪＰＯを目指し国際機関で働く際にも、また国際機関だけでなく海外勤務や国際ボランティア活動などをする際にも役立つことがあれば幸いである。

２０２０年１月

伊藤　博

改訂にあたって

創成社の西田徹氏に本を発行してみないか、と最初に言われたのは2015年の冬頃だったと記憶している。その時は、「まさか」という思いだった。日本語の本を出版したいという気持ちはあったが、一般的な教科書にできるような内容は思い浮かばなかった。その後、何度かお話をいただき、「本当に下らない内容で良ければ」と確認した上で執筆に当たった。「小中高時代」から「協力隊」までの内容は、2004年~2007年まで協力隊に参加している時にいつかは協力隊に関する本を出したいと思い書いたものである。今にも増して稚拙な部分も目立つが当時の気持ちも残したいと、ほとんどそのままにしておいた。

大学教員の功績というと、まず著名な出版社が発行する国際学術誌への論文掲載が挙げられる。しかし私の母をはじめ、まわりの日本人の方に堅苦しい英語論文を読んでもらうというのはなかなか難しい。その点、気軽に読むことのできる日本語で書いた書籍があると、とりあえずは手にとってもらえる可能性がある。世の中には小説や自伝など、本を出したくても出せない人がほとんどだと思う。まして単なる体験談をまとめただけとも言える本著を出版していただけたのは非常に幸運である。これはひとえに西田氏の裁量のおかげであり、心からお礼を申し上げたい。

目　次

第1章 小中高時代

祖母の教え

国際機関で働いている日本人に何がきっかけで国際公務員になろうと思ったのか、と尋ねると中学・高校時代に読んだ本やホームステイなどがきっかけだったという人が多い。私も本を読むのは好きだったし、高校生の時にホームステイもした。ただ話を聞くと彼女たちは小さい頃からまず間違いなく優等生であった。私は、というと小学生の頃から成績が悪かった。小学校1年生の時には、引き算の概念が理解できず、テストでは隣の女の子の答案を丸写ししていた。当然、その子の方が早く答案を提出するので私は残りの問題が全部バツであった。先生から何も言われなかったのが不思議である。ところがある日、引き算の宿題が出た。宿題は黙って隣の子の答えをカンニングすることができない。まさか宿題を丸写しさせてくれと頼めるほど肝っ玉の据わった小学生でもなかった。これはピンチである。家に帰ると、私の祖母が「今日は宿題はないのか」と聞いてくる。私の家は共働きで、私は祖母に育てられたようなものであった。まさか宿題がないとはいえず引き算のプリントを出したところまではよかったが、当然答えは書けない。私は「宿題は問題の横に＝《イコール》だけ書いておけばいいんだよ」と祖母に嘘をついたが、「まあついでに答えも書いておけ」と1つ1つ問題の解き方を教えてくれた。

祖母は学歴不詳であるが、教育を重要視していた。昔、父が大学院に行きたいといった時も、家にお金がなかったので所有していた多くの土地を売ってお金を作ったそうだ（土地を売るという行為は祖母1人ではできなかったと思うので、私が生まれて間もなく亡くなった祖父にもクレジットが与えられるべきであろう）。百姓が子どもの教育のために土地を売る。この祖父母の行動は「米百俵」という故事を思い出させる。これは戦争に敗れ貧窮していた長岡藩が支藩である三根山藩から米百俵を受け取るのだが、その時に大参事（現在の副知事に相当する）であった小林虎三郎が「百俵の米は食べればなくなるが、教育に使えば1万俵、百万俵になる」と言って、その米を売却して学校を建てた、という話だ。つまり祖父母は百姓の命ともいえる土地を売って子どもの教育に投資したのである。

日本や韓国のように近年教育を通して裕福になった国の多くは、ある1世代の人たちが自分たちは塩をなめてでも次の世代を豊かにする、という犠牲の精神がある種の文化としてあったように思う。そのなかでも農家でありながら土地を売るという祖父母の行為は周囲の人々にとって驚愕に値するものであったと考えられる。おかげで私の父は大学院に行くことができ、私も両親のお金でアメリカの大学院に行くことができた（前述のように私は優秀ではなかったので、ほとんど奨学金をもらったことはない）。私の育った環境には、教育に投資するという祖父母の恩恵がある。

教えない教育

祖母のおかげで引き算の仕組みはわかったが、私の学校での成績は悪いままであった。小学校から帰るとほぼ毎日、公園で野球をするか、川で釣りをして過ごした。小学2年生の時にファミリーコンピューターが登場し、翌々年にはドラゴンクエストが発売された。友人の家でドラクエを少しプレーさせてもらったが、今までのゲームと違ってストーリー性があり、滅茶苦茶面白い。早速、父にファミコンを買ってくれとせがんでみるがダメだった。「ソフトはドラクエしか買わないから」と粘ってみたが、「そもそもファミコンはゲームしかできないからダメだ」といわれ、代わりにMSXというパソコンを買ってもらった。当時、MSXにドラクエは存在しておらず、最初に買ったソフトはパックマンであった。父としては私がパソコンに慣れ親しんで将来プログラマーにでもなってくれれば、という思惑があったのかもしれないが、ほとんどゲームにしか使わなかった。一度、プログラムの本を読んでプログラミングしてみたが、爆弾の音を1つ出すにも5、6行の入力を行わなければならず、普通のゲームをするには300行の入力を行わなければならなかった。気が遠くなる労力が必要だったため、プラモデルやラジコンですら父に作ってもらっていたような根気のない自分には挑戦する気力がどうしても湧かなかった。

小学4年生から6年生まで半ば母親にだまされる形で進学塾に通ってはいたが、勉強するというよりは遊びに行くような感覚であった。漫画にもはまり、コロコロ・コミックや週刊少年ジャンプなどの雑誌を読みあさった。母にはあきれられたが、父は自身も幼少の頃に漫画が好きだったらしく、理解をしていてくれたようだった。ある日、父とスーパーへ買い物に行った。好きだった野球漫画のシリーズの第1巻を持って父の所に行き、買ってくれと頼むと、「漫画コーナーはどこにあるんや」といって、漫画コーナーに行き、そのシリーズの全巻をがばっとつかむと「どうせ、いずれ全巻買うんやから」と全部一気に買ってくれた。母は「なんで教育に関係のない漫画ばかり買うのか」と不満を述べていたようだったが、父は「何が教育の役に立つかはわからん」とかわしていた。当時の私には母のいうことの方が正論のように思えたが、今は父に同意する部分も多い。ただ「何が教育の役に立つかはわからん」だけに教育は方法も評価も難しいと思う。

中学と高校も私立の一貫校に通っていたが、その理由は中学受験で合格したのが唯一その学校だったからである。中学時代は勉強などほとんどせず漫画を読んだり、音楽を聴いたり、ゲームばかりしていた。中間テストも初端から学年最下位で中高一貫校にもかかわらず、あまりの成績の悪さに危うく高校に上げてもらえないところだった。私の母は自身が高校の教員であるにもかかわらず、私の担任の先生との三者面談では恥ずかしい思いをさせられることが多かった。父は私の成績に関して「本人のやる気が出ないことには何をいっても無駄だろう」と放任主義であった。この放任主義には感謝したい。当然、父は教育を軽視していた訳ではない。おそらく自身の経験から自発的な内的動機付けがなければ意味のある学びはあり得ないと感じていたのだろう。中学生の時に無理に勉強しろといわれていたら、さらにやる気をなくしていたかもしれない。しかし、中学2年生の時に社会の先生が放課後、成績の悪い生徒を対象に根気強く補習を重ねてくれたおかげで社会の成績だけは良くなった。また中学時代に遊んでばかりいたことは後悔していない。逆に中学3年生から高校1年生にかけて、一貫校の中だるみからか遊びも中途半端になってしまい、もっと遊んでおけばよかったと感じるくらいである。

成長のための「混乱」

高校時代に後の人生に影響を与えた出来事といえば、高校1年の夏にアメリカのサンディエゴで行ったホームステイである。このホームステイは高校の学外活動の一環で、ほとんどのクラスメートが参加していた。1カ月足らずの短い期間ではあったが、私にとって初めての海外であり、当時は英語もほとんどわからなかった。ハンバーガーショップに入っても「ハンバーガー2つください」と英語でいうことができず、メニューを指差し、「これ2つください」と日本語で注文した。「シャワーを浴びたい」という表現すらそのホームステイの時に覚えたくらいである。せっかくホストファミリーが良くしてくれたのに英語の授業以外は部屋にこもりっぱなしの毎日だった。またホストファミリーがフィリピン系の方ということで、ほかの友達がばかにしてきたのも当時の私にとってはしんどかった。帰国する頃には精神的に疲れきっており、もう一生アメリカには戻ってこないかもしれないと思った。

今振り返ると、このホームステイは自分の人生において必要な「混乱」だったといえる。青年海外協力隊OBでモルディブに派遣された斉藤亨氏は著書のなかで、井のなかの蛙が「初めて大海に出た時の混乱ぶりは、自身の成長のためには不可避なことなのだ。それは失敗ではなく、貴重な学習につながる混乱なのだ」と述べている。国際機関や協力隊に限らず、常に新しい環境や異文化のなかで活動するというのは、いかに「混乱」と向き合っていくか、ということと同義なのかもしれない。そういった意味でアメリカでのホームステイは、私にとって最初の「混乱」であった。

大学受験

アメリカから帰ってくるとしばらくは、ボーっと毎日を過ごしていた。しかし他にこれといってやることもなかったので、幼なじみのミホちゃんのすすめもあり、高校2年生の夏休み頃から受験勉強らしきものを始めた。最初はどうやって勉強すればいいのかわからなかったが、教育実習に来ていた高校のOBから「エール出版の有名大学合格作戦という本を読むといい」と教えてもらい、自分に合った勉強方法を模索していった。だが高校2年生までの蓄積がゼロだったので、しばらくは偏差値も40台からあまり上がらなかった。受験する学部はなんとなく教育学部を考えていた。両親が教員だったこともあり、イメージがしやすかったのだ。大学受験を1年後に控えた三者面談で私は担任の先生に「今年度の先輩が国士舘大学文学部教育学科の推薦をもらってるんですけど、私にも同じ推薦をいただけませんか」とお願いしたところ、「あんたの成績じゃ無理やな。一般受験でがんばってなんとかやな」といわれ、母にはまた恥ずかしい思いをさせてしまった。

高校3年生になると受験勉強もそれなりに軌道に乗り、偏差値も英語・国語・社会に限っていえば60を超えるようになった。元々は小学校の教員になりたかったので夏頃までは国公立の大学も受験しようかと考えていた。しかし数学の偏差値はずっと低空飛行のままであり、代々木ゼミナールの夏期講習の数学の授業に行ったまでは良かったが、教室の前でしばし立ち尽くした後引き返し、小学校教員の免許資格を取得することのできる青山学院大学文学部教育学科を第一志望として私立文系にしぼったのである。

受験勉強に関してはともかく時間がなかったので、自分なりに考え、1日を2つに分けるという作戦を取った。高校から帰宅すると、まず数時間ほど寝る。夜の9時頃に起きて、朝の4時頃まで勉強する。その後また2、3時間寝て、学校へ行く。学校では基本的に「内職」である。特に私立文系にしぼってからは理数系の授業を睡眠時間に充てていたので、先生からチョークを投げられたり、怒られたりした。以下がその時の先生との会話である。

先生「受験で使わないからって、数学ができないと大学生になってから家庭教師もできないぞ」

私　「でも、そもそも大学に入れなかったら意味ないじゃないですか」

当たり前であるが先生のいっていることは正しい。大学に入ってからも中学生以上の家庭教師はできなかった。英文科だったこともあり、英語はそれなりにできるつもりだったが、大体、中学生以上を対象とした家庭教師というと数学と英語がセットになっていることが多かった。また、海外の大学院を受験する際にGRE（Graduate Record Exam：主に北米の大学院に進学する際、スコアの提出が義務付けられている標準テスト）という試験を受けなければならなかったが、そのなかで数学（日本の中学レベルに相当）を受験する必要があった。その後も大学院の授業や研究などで統計学などを学び直す必要があり苦労した。だが受験生の時は、背に腹は代えられないと視野が狭くなっていたのだ。

小中高時代の出会いとして特記すべきは、先ほどのミホちゃんもそうだが、小学校の時からずっと同級生だったタミオ君であろう。いつもまわりの人からばかにされていた私を認めてくれていたのはほとんど彼だけだった。次に、特に米国留学の時など、家に泊めてくれたり、東京から成田空港まで車で送り迎えをしてくれた高校時代の友人である大橋君にも感謝したい。大橋君は体も大きく口べタで一見怖そうであったが、東京の大学へ行った数少ない高校の友人でもあった。またこの多感な時期に嫌がらず私の他愛もない話に耳を傾けてくれた妹にも感謝したい。彼らがいなければ今の自分はなかったと思う。

第2章 大学時代

成城大学

　1994年4月、私は成城大学文芸学部英文学科に入学した。なぜ成城大学なのかというと答えは単純で、私の受験した大学のなかで唯一合格した大学だったからである。前述のように本当は小学校の教員になりたくて青山学院大学の初等教育学科を第一志望としていたが不合格であった。そこで併願していた成城大学の英文科に行き、教員免許を取って中学校か高等学校の英語科教員になろうと思ったのである。別に英語でなくても社会の教員でも国語の教員でもよかったのだが、社会科は経済学部や法学部の学生でも教員免許を取ることができるため、競争がより激しいという印象があった。また「国文学科より英文学科の方が、就職に関してもつぶしが利く」と高校時代に通っていた代々木ゼミナールの先生がいっていたことも英文科を選んだ理由の1つである。就職という実用的な部分以外にも、英文科は女の子も多いし、なんとなく格好いいと思っていたのだ。

受験した大学のなかで合格したのが成城大学だけだとわかった時は、浪人するかどうか少しは考えたが、「自分なりにやるだけやった。受験勉強には疲れた。もう解放されたい」という気持ちが勝った。ところが、いざ大学に入学してみると、受ける授業はどれもつまらなく感じてしまった。英文学科ではそれが当然なのだろうが、コミュニケーション・ツールとしての英語を学ぶというよりは、イギリス文学を日本語で学ぶ授業がほとんどだったからだ。私は気が弱いので授業をさぼったりはできなかったが、夏休みが終わるまでは「やはり大学を受けなおした方がいいのでは」と何度も思った。しかしそれも実行する勇気がなくて結局できなかった。それどころか必修の授業を1コマ落としてしまい、危うく留年するところであった。

2年生になると、中村敬先生の授業を受講したことがきっかけで、大学の授業が少し楽しくなった。中村先生は、三省堂のニュークラウンという英語の教科書の編者でもあった。授業内容自体に興味があるわけではなかったが、先生が私の発言を面白がって聞いてくれたことが嬉しかった。また成績もAをくれたので、私は3年生から中村先生のゼミを取ることに決めた。ゼミごとの人数は8人までと決まっていたが、中村ゼミは定員を大きく上回る応募者がいたので、「なぜ中村ゼミを選んだのか」といった内容を指定の用紙に書いて、英文化研究室に提出しなければいけなかった。私は「先生はおそらく、私がなぜ中村ゼミを志望しているのかわかってくれているでしょう」といった内容のことを2行で書いた。

さて、ゼミが始まると中村先生は日本の英語状況、つまりどの程度、日常生活のなかに英語が浸透してきているのかについて我々に調べるよう求めた。そして「英語は国際語と呼ばれているが本当にそうだろうか」といった問いを投げかけてきたのである。最初は「そりゃあ、そうだろう」と思っていた。しかしゼミの研究が進むにつれて、影響を受けやすい私はそのうち「国際語って一体なんだろう」と思い始めるようになった。そもそも「国際」ってどういう意味なんだろう。国際の定義は「2カ国間以上のやりとり」ということになっているので、英語は国際語である。ただその定義によるとフランス語やスペイン語など、かなりの数の言語が国際語ということになる。中村先生は「国際」という形容詞は、文化まんじゅうの「文化」と同じくらい、意味のない言葉だといっていた。確かに昨今は何もかも「国際」もしくは「グローバル」だが、本当に中身を伴っているのかどうかは疑問だ。

オーストラリア短期留学

大学の授業の方はそれなりに順調であったが、私生活は充実していなかった。私は大学に入学してからバスケットボールのサークルに入っていたのだが、根気も根性もなく大学3年の春にやめてしまった。暇になったので新宿にある英語学校に通うことも考えたが、70万円以上もする。それならどこか英語圏に短期語学留学した方がいいという姉のすすめもあって、ラジオ講座の「英会話入門」を始めながら留学できる機会をうかがっていた。「英会話入門」は、テキストとカセットテープをセットで買ってきて、テキストは気になる箇所を適当にマーキングしながら軽く読み、後はそのテキストのカセットテープを寝る前に横になりながら聞く、という作業をほぼ毎日行った。本当は音楽を聴きながら寝たかったのだが、英語だけは極めたいという思いが強かった。高校の時のテニスにしても大学の時のバスケにしても辞めてばかりで、もう辞めることを辞めたかったのだ。バスケを辞め、大学3年の夏休みに時間ができたので、これはチャンスとばかり、約1カ月間オーストラリアのブリスベンへ行くことにした。16歳の時に行ったアメリカ以来、5年ぶりの海外である。その時の英語力はTOEIC550程度であった。

語学学校のレベル分けテストでは、それまでのラジオ講座「英会話入門」が役に立ったのか、奇跡的に最上級クラスに入ることができた。学校でできた友達の多くは韓国人と台湾人だった。平日の放課後は、バーへ行ってお酒を飲みながらおしゃべり、週末は海や島へ旅行するようになった。そして私が日本へ帰る前の日、みんながさよならパーティーを開いてくれた。そこで一番仲の良かった韓国人の友達に「実はヒロシたちに会うまで、日本にも日本人にもいい印象を持ってなかったんだよ」といわれた。それを聞いた台湾人の友達も「私もそう思っていた」と同調していた。

それを聞いて私は、その5年前に初めてアメリカに行った時のことを思い出した。私がなぜあの時、フィリピン系のホストファミリーをいやだと思ったのか。なぜ、一緒に来た高校の友達も、フィリピン人家族と一緒にいた私をばかにしたのか。それは私たちが、他のアジア人に対して偏見を持っているからではないのか。台湾は親日的といわれているのでなんともいえないが、韓国や中国では未だに反日感情が残っているといわれる。日本では少なくとも当時（90年代半ば）は他のアジアの国々に対する差別が意識的にも無意識的にもあるようだった。事実、後述するアメリカ語学留学の時にルームメートだったインドネシア人からも「日本人は、自分たちのことをアジア人と思っていない。自分たちの方が他のアジア人よりも優れていると思っている」といわれたことがある。こういった問題はどのように生じているのか。

私は公教育にも大きな責任があると考えた。現代の日本の教育のなかで外国の文化を学ぶ機会があるとすればそれは外国語教育と社会科である。特に外国語教育は文化の中枢である言語を学ぶことになるので、言語を学ぶということはその言語の使われる文化や歴史を学ぶことでもある。そのため、語学教育や教員による子どもたちへの影響は大きく、偏見を植え付けるという危険性もある。だが、日本の外国語教育は事実上英語教育であり、教科書の内容も（少なくても当時は）英語圏のアングロ・サクソン文化に傾倒したものだった。ラジオ講座の「英会話入門」などでも日本に来るアメリカ人留学生のために彼を受け入れるホスト先の日本人一家が英語を勉強し、彼が日本に来てからもその日本人家族は彼と英語で会話するという内容があった。「日本の英語教育だけがこうなのか、他の国の外国語教育はどうなんだろう。そもそも英語がロクにできない自分が英語教育について偉そうなことはいえないのではないか」。そういった気持ちから長期留学をしてみたいと考えるようになったのは大学3年生の12月、21歳の時だった。

とはいってもとりあえず先立つものがないと話にならないので両親に相談すると思いの外、あっさりと留学に賛成してもらえた。大学を1年休学して行くことに関しては「大学卒業までもう1年しかないんだし、どうせだったら卒業してからにすれば？」といわれたのだが、もう行く気になっていたので親を説得し、いよいよ行くことになった。行き先はアメリカのカリフォルニア州にあるフレズノという町である。何もかもが何となく、そしてとんとん拍子に決まっていった。東京のアパートを引き払う時、他の荷物と一緒にパスポートを実家に送り返していたことに気づかず、失くしたと思って慌てて再発行するに至ったという経緯を除けば。

ちょうどその頃、「まえがき」でも述べた「理想の28歳になるには」という概念が頭をもたげてきた。オーストラリアでの短期留学を経験し、長期留学を考えた段階で、将来どうするべきかについて真剣に考え始めた。教職の授業はほとんど取り終え、母校に教育実習のお願いもしていたが、そのまま教員になったものかどうかという疑問の念も生じてきた。また自分が他の人と同じように普通の企業に就職できたとしても、自分の性格やアドミニストレーション能力を考慮すると、すぐクビになる予感がした。「クビにならないように」、「クビになってもいいように」、生き残れるだけの能力を身につけ磨いていかないといけない、と思うようになった。そこで思いついたのが「理想の28歳になるには」という概念であった。まず1つに語学というのがあった。当時はゼミの中村先生の影響で英語が世の中を支配している現状に対する反発もあったが、同時に英語ができない人間が何をいっても説得力がないだろうと感じていた。次に修士号である。元々父から「海外の大学院に行ってみてはどうか」といわれており、当初は無理だと感じて話半分に聞いていたが、長期留学を経るにつれ本気で考えるようになった。最後に職務経験を積むことである。どのような経験を積むのか、というイメージがしにくかったが、何らかの職務経験を少なくとも数年は積んで28歳になりたいと考えていた。まずは英語だ。

アメリカ語学留学

フレズノ編

1997年3月29日、私は6年ぶりにカリフォルニアの土を踏んだ。学校もステイ先もフレズノという町にあった。ホストファミリーはご老人夫婦であり、ルームメイトは同じ語学学校に通うインドラ君である。彼はインドネシア人で19歳だった。彼はその年の9月からカリフォルニア州立大学フレズノ校への進学を考えており、その準備をするために私と同じ語学学校に通うことになっていた。

余談であるがカリフォルニア州立大学はカリフォルニア州に23あり、州内に戸籍を持つ州内生はもちろん、州外の学生にとっても、他の私立大学やカリフォルニア大学に比べると学費が安い。留学生に要求されるTOEFLのスコアもiBT60点程度で良いところも多い。海外に興味があり、ある程度英語ができる日本人ならヘタに日本国内の大学に行くよりおすすめである。私も今、もし高校生に戻れるならカリフォルニア州立大学へ進学するだろう。

インドラ君は敬虔なイスラム教徒であるため1日5回、専用のじゅうたんを敷き、ひざまづきながら手を合わせ、踊るようにアッラーにお祈りをしていた。お祈りの時間中は、話しかけても返事はない。さっそく軽いカルチャーショックである。翌日にレベル分けのテストがあったのだが、私は典型的な日本人で聞き取りが弱かった。テストの後は授業開始である。

クラスメートはスイス人の兄弟とトルコ人と韓国人とニュージーランドに1年留学していた日本人であり、みんなよくしゃべり、最初は少しとまどった。だが、日本語をほとんど話さず、ブラジル人やサウジアラビア人など他の国の人と仲がよかったおかげもあって、2カ月目くらいから会話力がついてきたような気がした。

フレズノにおける後々まで記憶に残る出会いは日本人のマチとブラジル人のフェルナンダである。マチは高校卒業後すぐにアメリカに来たらしく、ある放課後、たまたま話をした時に「大学はUCLAに行く。大企業に勤めてお金を稼ぎ、母を楽にする」といっていたのが印象的だった。当時の私はアメリカの大学のことなんてほとんど知らなかったがUCLAはなんとなく知っていた。というのも私が中学生の時に、UCLAから京都大学へ交換留学していた学生が授業の質の低さに怒ってアメリカに帰ったというニュースを聞いて覚えていたからだ。当時は大学のことなどまったくわからないながらにショックだったのを覚えている。

マチはというと、当初はどのレベルのクラスにいたのかも覚えていないくらい英語ができなかった。しかし数年後、彼女はサンタモニカ・カレッジというコミュニティーカレッジ（後述）から本当にUCLAにしか出願せずにUCLAのなかでも難関といわれるビジネス経済学部に編入合格してしまった。そのまた数年後、彼女は口約通り、大企業であるパナソニックに就職したのである。

今後アメリカの大学を目指す人にとってコミュニティーカレッジの存在を知っておく価値は十分にあると考えられる。通常、日本の高校に就学している高校生が卒業と同時にアメリカの、特に一流大学に進学するのは非常に難しい。基本的に高校3年生の秋までにTOEFLとSAT（アメリカの大学入学標準テスト。あえていうなら日本のセンター試験のようなものだがセンター試験と違ってSATは1年に何度も受験することができる）のスコアを持っていなければいけないからである。英語がよほどできて意識の高い頭脳明晰な人はともかく、普通の日本の高校生には相当厳しい。そこでコミュニティーカレッジが選択肢として浮上してくる。高校在学中に十分な英語力を培えなくても卒業後の3月にアメリカに渡り、最初の6カ月は語学学校に通って最低限の英語力を身につければ9月からコミュニティーカレッジに入学することが可能だ。語学学校の先生から地元のコミュニティーカレッジに推薦してもらえることもある。コミュニティーカレッジに入学して2年間好成績（平均スコアが3・5以上、A＝4とB＝3の間）を取り続ければ、たとえば志望する学部にもよるがカリフォルニア大学のバークレー校やUCLAに3年次から編入することも可能だ。これもかなり大変なことではあるが、普通に1年次から入ろうとするよりは門戸が広い。

またそれほど良い成績でなくても、カリフォルニア大学のどこかに編入できる可能性が高い。そしてカリフォルニア大学の多くは、世界の大学ランキング100位以内に入っている。2017年度のTIMES誌のランキングによると、バークレー校が10位、ロサンゼルス校が14位、サンディエゴ校が41位、サンタバーバラ校が48位、デービス校が51位、アーバイン校が98位となっている。日本の大学では東京大学（39位）と京都大学（91位）がランクインしている。

一方のフェルナンダとは、フレズノにいる間はそれほど仲がよかったわけではないが、後々までなんとなく手紙や電話で連絡を取り合うことになり、結局は彼女に招かれてブラジルの家に遊びに行くことになる。今思えばこのブラジル行きが、私を国際開発の道へと導くきっかけだったのである。

シアトル編

さて、私は長い間同じ場所にとどまっていられない性格と毎日華氏100度（摂氏37・7度）を越す暑さに耐えられず7月にフレズノを去り、夏でも涼しいと評判のワシントン州シアトルの語学学校に行くことにした。今でこそ野球のシアトル・マリナーズにおける日本人選手の活躍やスターバックス発祥の地として日本でも有名になったシアトルであるが、当時はあまり知られていなかったと思う。しかしアメリカではエメラルドシティと呼ばれる美しい街である。

シアトルの語学学校のレベル分けテストでは中級のクラスに入った。私としては不服で、一応中級の授業も受けてみたがやはりレベルが物足りなかったため担任の先生に「オーストラリアやカリフォルニアの語学学校では上級のクラスだったので」と異議申し立てをした。「ヒロシはリスニングが弱いから」といわれたが、再試験でなんとか8割をクリアして上級コースに入れてもらった。語学の授業に関して、当時は自分よりできるクラスメートに囲まれていた方がよいと思っていたからだ（ただし、後々フランス語を勉強した際に「自分よりできすぎる人たち」に囲まれていると語学は逆に伸びにくい、と感じるようになった）。

学校もシアトルという街もそれなりに楽しかった。特に学校の近くにある5ドルで食べられるタイ料理はおいしく、ほとんど毎日そこでお昼ご飯を買って、近くの公園で食べていた。また通っていた語学学校を通してランゲージ・エクスチェンジのボブと知り合った。彼とは最初、スターバックスで待ち合わせをした。私がアイスココアを注文しようとすると、店員さんに「そんなものはメニューにないわ。でも特別に作ってあげる」といわれ、また軽いカルチャーショックを受けた。スターバックスにアイスココアがないとは驚きだ、とボブにもいってみたが「そんなことは考えもしなかったよ」と笑われた。語学学校が終わった後や週末などはボブやクラスメートたちと遊んでいたのでそれほど孤独を感じることもなかった。

しかし、シアトルは、夏は涼しいが冬は普通に寒い。同じ場所にとどまっていられない性格と合わせると、ついどこか他の場所に行きたいと思ってしまうのである。語学学校の先生には「あんまり学校を変わってばかりいると落ち着いて英語の勉強ができないわよ」といわれたが、私の場合は環境が変わったほうが刺激されていい気がするのだ。新しい環境だとまたイチから周りの人に自分のことを説明しわかってもらわなければならず、当然話すことによって自分の英語力も上達する。そうしないと相手にしてもらえないからだ。同じ場所にずっといると、同じ仲間と密度の濃い関係が持てていい部分もあると思うのだが、自分としては、あえて新しい環境に身をおく方が性に合っている気がするのだ。

そこで私は前にフレズノでの語学学校の友達がコロラド州のデンバーに良い語学学校があるといっていたのを思い出し、コロラド州に行くことにした。コロラド州は、冬でも暖かいと評判のアリゾナ州にもニューメキシコ州にも近いので、冬も温かいに違いないと思ったのだ。アメリカで一番大きいといわれるアスペン・スキー場があることも知らずに。

デンバー編

デンバーに行く際、何しろそんなにお金がないので安いアメリカンウエスト航空を使うことにした。しかし運賃が安いだけあって経由先のアリゾナ州フェニックスでデンバー行きがキャンセルになった。デンバー上空の天候が悪いというのがキャンセルの理由であった。航空会社からは滞在費も出してもらえず、自費でモーテルに泊まった。何のために安い航空会社を使っているのかわからない。ちなみにアメリカンウエスト航空はデンバーから帰ってくる時もフェニックスでキャンセルになった。今度は行き先のフレズノ上空の天候が悪いという。だがフレズノのホストファミリーに電話で聞くと天気は良いといっていた。アメリカンウエストは2007年にUSエアウェイズと統合消滅してしまったので、私の人生のなかでこの航空会社はこのままキャンセル率100パーセントを保っていくだろう。

そんなこんなで10月6日、コロラド州デンバーに着いた時の気温は28度であった。「ほら、思ったとおり暖かい」と喜んだのもつかの間、その2週間後に大雪が降り、その年にスーパーボウル（アメリカンフットボールのワールドシリーズみたいなもの）を制したデンバー・ブロンコスは、空港閉鎖のため遠征先のニューヨークに旅立てなかった。その後デンバーで過ごした4カ月間は氷の世界であった。

ある週末、映画を見に行き、その帰りにバス停でバスを待っていたのだが、あまりの寒さに近くにあったウェンディーズでホット・ココアを飲むことにした。しかしカウンターで「ココアをください」と注文して出てきたのは「コーラ」だった。昔、中高時代の社会科の先生が飛行機に乗っている時にコーヒーを注文してコーラが出てきた、という話を聞いて、そんなばかなことがあるだろうか、と思っていたが、似たようなことが自分にも起こってしまった。しかも私はすでにアメリカで1年近く英語を勉強しているのに、である。仕方がないので冷たいコーラをすすりながら、バスを待った。今後温かいココアを頼む時は「ホット・チョコレート、プリーズ」といおう、と固く心に誓ったのだった。

さてその頃、フレズノ時代から手紙や電話でのやりとりが続いていたフェルナンダが「クリスマス前にはブラジルに帰るから、よかったら来ない？」という内容の手紙をくれた。ブラジル。ポルトガル語の響きは好きで少しは独学で勉強していたが、ブラジルのことは知らないし、まして彼女の住んでいるコリチバという街のことなんて聞いたこともない。そもそも私の持っていたポルトガル語の本には親切にも「ブラジル人が、機会があったら私の家にどうぞ、というのは社交辞令なので本気にするな」と書いてあった。ブラジルに行ってもフェルナンダが迎えに来てくれなかったら私は何もできない。空港近くのモーテルにでも泊まるしかないだろう。念のためフェルナンダに「ブラジルにもモーテルはあるのか？」と尋ねたら「モーテルはあるけど、アメリカのモーテルとはちょっと違うわね」と笑っていた。アメリカのモーテルは小さくて経済的なホテルという感じだが、南米のモーテルは日本でいうラブホみたいなところだ。

フェルナンダがブラジルに帰る直後のクリスマスは航空運賃が高騰するハイシーズンで、

旅行会社に電話するとロサンゼルス～サンパウロ間の値段が2000ドルだといわれた。さすがにこれは高い。また2月も中旬だと世界的に有名なカーニバルがあるので値段が上がるが、その少し前の2月上旬だとデンバー～コリチバ間が1176ドルということだったのでそのチケットを買った。

ブラジル・コリチバへの旅行

1998年2月、デンバーの語学学校を終えた私は、ブラジルへと旅行した。アメリカとオーストラリア以外の国は初めてだ。まず、デンバー空港のチェックイン・カウンターで「あなたの予約は旅行会社によって全部キャンセルされているわよ」といわれる。私は「へーっ」と間の抜けた声を出してしまった。以前は飛行機の往復チケットを使用する時にリコンファームというものが必要で、往路は問題ないが、旅行先で復路のチケットの予約がちゃんと取れているか電話で確認しなければならなかった。航空会社は、予約のキャンセルをある程度見込んでオーバーブッキングしている可能性があるからだ。オーストラリアに行った時も現地でおそるおそるリコンファームを行った記憶がある。しかしまさか、最初から何もかもがキャンセルされているとは、さすがアメリカと逆に感心した。

しかし、カウンターのお姉さんが親切な人で、すぐに再予約をしてもらえたので、なんとかブラジルへ向かうことができた。フロリダ州マイアミを経由してサンパウロへ入る。入国審査は長蛇の列で、荷物をいちいちチェックされる。だいたい1時間半くらい待たされた。荷物検査係りの1人が、当時はまだ珍しかったであろう私のノート・パソコンを見て、「お前の今回の旅の目的は何だ?」と聞いてきた。「コリチバに住んでいる友達を訪ねるためだ」と答えた。しかし「友達を訪ねるのになぜコンピューターが必要なんだ?」といぶかしそうである。以下が、その係りの人と私とのやり取りである。

私　「私はアメリカのデンバーから来たんだが、もうデンバーには戻らないから荷物を全部持ってくる必要があったんだ」

係り「おまえは日本から来たのではないのか」

私　「私はもともとは日本から来た。でもデンバーに住んでて、マイアミを経由してここに来たんだ。でも、もうデンバーには戻らないから荷物を全部持ってくる必要があったんだ」

係り「日本人だろ?」

私　「そうだけど、デンバーに住んでいて、もう戻らないから荷物を全部・・・」

係り「さっきからデンバー、デンバー、って、デンバーって一体なんだ?　お前知ってる

か？」（と隣の係りに尋ねる）

隣の係り「デンバーってそりゃあ、デンバーだろ？」

デンバーはアメリカ有数の大都市である。

さてコリチバの空港に着くと、フェルナンダがお母さんと一緒に迎えに来てくれていた。まず最初に圧倒されたのは、むっとする南米の空気とポルトガル語であった。ポルトガル語はアメリカでもブラジル人の友達が話すのを聞いており、独学で勉強もしていたので珍しくもないはずだが、何せ、英語圏以外では初めての海外であるので、非常に新鮮に感じたのである。フェルナンダと彼女のお母さんは、早速私をオープンレストランみたいなところに連れて行ってくれて、シュハスコ（ポルトガル語発音。簡単にいうとBBQ）をご馳走してくれた。これがうまい。これほどうまいシュハスコはニューヨークのアスタープレイスにあるラツィオ（ブラジル・レストランの店名）ぐらいである。もちろん当時はニューヨークに行ったこともなくアスタープレイスも知らなかったが。

さて車のなかでフェルナンダが「ホテルに泊まる？　それともうちに泊まる？」と聞いてきた。私の所持金は400ドルぐらいだったと思う。当時のレートはブラジルのレアル通貨が切り下がる前だったので1ドル＝1レアル（当時のレートで120円程度）と、今から考えるとかなりのレアル高である。もちろん泊めてもらえるなら、お家に泊めてもらったほうが金銭的にも助かるし、ブラジル人の家庭を生で見ることができて文化の勉強になるので、甘えさせてもらうことにした。

フェルナンダのお家はご両親と3人のお兄さんにフェルナンダ、という構成らしい。お父さんはお医者さんをしているらしく、かなりお金持ちであるのがわかった。食事も家のなかで食べる時はもちろん、外食する時も全部支払ってくれた。トイレを借りようとバスルームのドアを開けたらフェルナンダのお兄さんの1人がいて、ちょっとぎこちない英語で「(バスルーム)使っていいよ」と言う。こっちも自己紹介しなくてはと思い、その英語以上にぎこちないポルトガル語で「ひろしといいます。日本から来ました。フェルナンダの友達です」というといきなりポルトガル語で上機嫌にぺらぺら話し出した。なんとか聞き取れた範囲だと、どうも「お寿司を食べに行こう」といってるようで、「僕はどうせすぐに日本に帰るから日本で食べるよ」というと「ブラジルの寿司は日本のよりおいしいんだ」といっているらしい。その時はそんなはずはないと思っていたが、ブラジルも海の近くなのでまんざら嘘ではないのかもしれない。

フェルナンダにはいろいろ連れて行ってもらったのだが、行く先々のすべてがきれいで豪勢なところばかりであった。ショッピングモールもダンス・クラブも彼女の友達の家も、そして彼女の友達もすべてがゴージャスだった。確かに道路では、車の掃除をしているストリート・チルドレンもいて、今思えばそれが初めて間近に見た「途上国の貧困」であったが、そういった光景が記憶のなかでかすむほど、コリチバはきれいな街だった。それもそのはず、コリチバは、都市計画の勉強をしていると必ず目にするほど、都市開発整備の成功例として有名であった。このブラジルに行ったという経験から、ポルトガル語をさらに学びたいという動機づけができた。後述するように、コリチバを訪れた2年後の2000年、ポルトガル語を学ぶために行ったブラジルのサルバドールでは貧困について考えることになる。

さて帰りはコリチバ→リオ・デ・ジャネイロ→マイアミ→デンバー→フレズノ→ロサンゼルスを経由して日本の成田空港へ、という経路だ。リオの空港で航空チケットに搭乗口として書かれている13番ゲートを探したのだが見つからず、空港のインフォメーション・センターのお姉さんに「13番ゲートが見つからないんだけど、どこにありますか」とチケットを見せて尋ねると「この空港には13番ゲートはないわ。6番ゲートに行ってちょうだい」といわれる。「でもあそこのスクリーンにも13番ゲートって書いてありますよ」と時刻表を指差していうと、また「この空港には13番ゲートはないのよ。6番ゲートに行ってちょうだい」といわれる。こちら側としても13番ゲートを探してみて見つけられなかったのだし、チケットも見せてスクリーンも確認した上で空港のインフォメーション・センターのお姉さんがいっているのだから間違いないだろうと6番ゲートで3時間半程待った。まもなく搭乗時間だなあと思っていると搭乗パネルがパラパラとめくられ「ヴァスピ航空・オーランド行き」と予想外の案内が出てきた。私が搭乗予定の飛行機は「ヴァリグ航空・マイアミ行き」である。慌てて再び13番ゲートを探すと、2階の隅っこのほうに存在しており、そこにいたヴァリグ航空のお姉さんが「あなたの乗る飛行機はもう行っちゃったわよ」、というではないか。私はその場で飛び上がり、膝をたたきながら「私の責任ではない、この空港のインフォメーションセンターの人のいう通りにしただけだ（それが私の責任なのだが）」という主旨の説明を行った。すぐ同じ時間にマイアミに行くユナイテッド航空を手配してもらえたからよかったようなものの、まさか飛行機に置いていかれるとは思ってもみなかった。以後、特に海外でわからないことがあったら少なくとも2人以上に尋ねる必要があると感じた出来事であった。ちなみに私の家族にその話を聞かせたところ、「あんたはアメリカに行く際に他の荷物と一緒にパスポートを実家に送り返してくるくらいやからな。そりゃあ、飛行機も置いていくわ」と呆れられた。

帰国後

1998年2月21日、約11カ月ぶりに日本に戻る。翌日、大学の近くにアパートを探し、日本の生活に戻る準備をする。大学に復学の手続きをしに行くと留年扱いになっており、「留学しても留年かあ」と思ったが、まあ確かに同じようなものである。大学4年生の生活は、というと、もうアメリカかイギリスの大学院に行くことを決めていたので就職活動は一切せず、授業は英語文化論の講義と、セミナー、そしてバスケットボールのクラスをいくつか取った。学校の他は、住居のある向ヶ丘遊園のミスター・ドーナツでアルバイトし、後は卒業論文を書いたり、TOEFLの勉強をしていた。TOEFLは帰国前に米国で2回ほど受験し、それぞれ533点と543点で、アメリカの一流と呼ばれる大学の合格最低ライン（550点もしくは600点）にも届かない状態であった。

夏休みが過ぎたあたりから出願する学校を絞りはじめ、出願する大学として南カリフォルニア大学（国際関係学）、イギリスのバーミンガム大学（国際学）などを考えていた。なぜ「国際関係学」なのか、その時はまだ漠然としていたが、ともかく世界のことが幅広く学べそうという単純な思いがあった。また、その時読んでいた留学の本にコロンビア大学のティーチャーズ・カレッジ（教育大学院）の国際教育学科のことが書かれており、「自分の興味のある言語教育の分野は教育政策の一部みたいなものだから、国際関係より国際教育のほうがいいかもしれない」とも思い始める。

結局は国際関係学と国際教育学の2学部、合計7つの大学院に出願した。一概にはいえないが、良い大学ほど出願の締め切りも早い傾向があり、入学1年前に願書を提出しなければならない大学もある。当時は現在のようにTOEFLもコンピューターではなく、紙媒体だったので1年のうち好きな時期に受験することができず、かなり計画的に受験しなければならなかった。私の場合は、夏休み前と夏休み後に一度ずつ受験し、それぞれ577点と570点であった。2回目の方が点数が下がっていたので、「もう自分の限界かもしれない」とTOEFLの勉強はやめた。GREも多少は勉強したが、バーバル・セクションのあまりの難しさにすぐ根をあげてしまった。

最初に合格通知をもらったのがバーミンガム大学の国際学部だった。私としては十分納得の行く大学院だったのでバーミンガムに行ってホームステイをしながら語学学校に行くなど、入学の準備していた。途中、いくつかの大学院からTOEFLやGREのスコアが届いていないという連絡を受けたが、合格が決まっていたバーミンガム大学と比較して、再発行の手続きをしてまで挑戦したい大学ではなかったので放っておいた。そして3月上旬にニューヨーク大学から、4月下旬にコロンビア大学からそれぞれ合格の知らせが届き、結局コロンビア大学に行くことにしたのである。そのためバーミンガムで英語のブラッシュアップのために通っていた語学学校も授業料を6月分まで支払っていたのだが、5月の途中でやめて日本に戻り、米国留学の準備をすることになった。

イギリスから日本に帰る前に、せっかくヨーロッパにいるのでフレズノ時代に知り合ったフランスの友達の家に寄った。リヨンという、たぶんフランスで2番目の都市だと思うのだが（そう言うとマルセイユの人たちがフランスで2番目の都市は我々だと怒るらしいが）、その空港に友達はお姉さんと迎えに来てくれた。途中の高速道路で130キロを優に超すスピードを出していたので少し怖くなり「いつ免許取ったの？」と聞くと「2週間前だよ」という。「でも、事故らない自信があるから大丈夫。心配しないで」という。その後は、友人の家の近くのレストランに行き、名物だという蛙を食べた。蛙というと日本の大きな食用蛙を思い出すが、フランスの蛙はアマガエルみたいに小さくてそれをから揚げみたいにして食べる。小さいので何十匹も食べたが、意外においしかった。当時は、まさか将来、またフランスに戻って来てパリで働くことになろうとは想像もしていなかった。

第3章 大学院修士課程

コロンビア大学大学院

日本でアメリカの留学ビザを取得した後、1999年6月28日、ニューヨークのJFK空港に到着した。今回の渡航の目的は「理想の28歳になるため」に必要な修士号の取得であったが、それが自分にとって一体何を意味するのか、あまり良く理解できていなかった。当時はまだ、JPOも博士号取得も具体的には視野に入れておらず、コロンビア大学で修士号を取得すれば、将来的に食うに困ることはないだろう程度に考えていた。

ニューヨークに到着後、最初の1カ月はマンハッタン島の南東に位置するブルックリンでホームステイをし、地下鉄でミッドタウンにある語学学校へ通った。ルームメイトは、アンドリューというやんちゃな18歳のポーランド人だった。彼のグループと一緒に飲みに行くこともあったが、同じクラスのドイツ人のオルガー、フランス人のアナベル、韓国人のジュンサーンという構成で遊ぶことが多かった。日本を発つ前、私は「ニューヨークは治安が良くないらしいから夜は出歩かないほうがいいだろう。大学院の勉強も大変だろうから午後9時までにはアパートに戻って勉強しよう」と思っていた。だが、ふたを開けてみると当時のジュリアーニ・ニューヨーク市長のおかげか、私が行く数年前からニューヨークの治安は劇的によくなっており、私が滞在している頃はアメリカでもっとも安全な街の1つと呼ばれていた。そのおかげで友人達と毎晩のように夜中まで遊び歩き、午前3時くらいに帰宅していた。そして朝はアンドリューと一緒に地下鉄に乗って、再びマンハッタンの語学学校へ出かける日々が続いた。

ミッドタウンの語学学校のプログラムが終わると大学院が始まる前の1カ月を利用してコロンビア大学に付属しているALP（American Language Program）という語学学校へ通うことにした。私のように秋からコロンビア大学に通う学生も英語のブラッシュアップのために通っているかもしれず、通常の語学学校ではできにくい長期の友人ができるかもしれないという思惑もあった。その予想通り、ALPの同じクラスにはコロンビア大学のビジネス・スクールやSIPA（国際関係大学院）、ティーチャーズ・カレッジに入学を予定している学生も多くいた。なかでも東京の浅草で英語塾を経営し、ティーチャーズ・カレッジでTESOLを専攻する遠藤さんと出会えたのは幸運であった。彼は、私よりも一回り年上であった。私も最初は前回の語学留学と同じ考えで「留学しているのに日本人とつるむなんて」と思っていたが、「まあ、今回は語学留学ではないんだし、日本人を遠ざける雰囲気は作らなくてもいいんじゃないか」という遠藤さんの言葉に、私も「確かに」とうなずいた。彼は年上ということもあるのだろうが懐が深く、基本的に私が何をいっても怒らないので一緒にいて気が楽だった。帰国後も東京に行く時はたまに彼のアパートに泊めてもらい、世話になった。

コロンビア大学は、マンハッタン島のなかでも比較的、北の方に位置する。そのため、それまでホームステイをしていたブルックリンから通うのは大変だったこともあり、コロンビア大学の近くにあるインターナショナル・ハウスという寮に住むことにした。トイレやシャワーは共同で部屋も狭かったが、独り部屋であったし、大学に近く、1カ月600ドルとニューヨークにしては家賃も安価だった。大学院に入る時も新しくアパートを探すのが面倒だったのでインターナショナル・ハウスに住み続けても良いと思ったのだが、残念ながら既に予約でいっぱいで、私は1カ月で立ち退きしなければならなかった。新しいアパート探しにはそれなりの苦労を伴った。マンハッタンのアッパーウエストにあるアパートはステュディオタイプ（1K）でも家賃は1カ月1500ドル前後という値段だった。私は何とかゴキブリだらけの小さなアパートを1カ月750ドル程度で借りることができた。

1999年9月、コロンビア大学のティーチャーズ・カレッジに入学し、国際教育開発学科で言語政策を専攻した。この大学院の国際教育系の学部には比較国際教育学科と国際教育開発学科という、名称も内容も似ている2つの学部がある。入学時のオリエンテーションでもらった資料を見ると、驚いたことに何かの手違いで、私は比較国際教育学部で教育経済学を勉強することになっていた。経済学は、今でこそ好きだが（現在の勤務校の所属は経済学部である）、その時はあまり興味がなかったので、言語政策関係の教員が所属する国際教育開発学科に転部させてもらった。

さて大学院での授業は、私の知識不足のためだろうが、良く理解できないことが多かった。どれもこれも雲をつかむような内容に思えるものばかりなのだ。まず必須科目で履修した「Issues and Institutions in International Educational Development」という授業では、教育開発分野における国際機関とその活動について勉強した。しかし、当時は「ワールド・バンク（世界銀行）って何？　僕は言語政策の勉強がしたいのに」というミスマッチを感じていた。言語関係の授業はというと、当たり前のことなのかもしれないが応用言語学の要素が強く、言語学者の名前とその理論がずらりと並んでいた。これも「僕がやりたいのは言語政策であって言語学ではない」と、自分の担当教員に相談に行った。しかしその先生も元々は応用言語学を専門としている人で、私のことを心配はしてくれたが「まあ、頑張って」という感じであった。確かにそれ以外の反応はできない状況だったのだろう。私自身にも、自分の興味のない授業内容を理解した上で自分の専門に役立てようとする意識が足りなかったという面も否めない。「やりたいことができない」というが、「やりたいこと」などそうは存在しないのだ。

そしてもちろん、私の英語力が足りないという問題もあった。私はアメリカに1年留学し、ALP（前述のコロンビア大学付属の語学学校）でも一番上のクラスだったので、英語力にはそれなりの自信を持っていた。しかし蓋を開けてみると、ある教授には「あなたの書いた論文は大学院の学生のレベルじゃないわ。ひどすぎて成績がつけられないから、書き直してちょうだい」といわれる始末であった。最初の学期はピーターという日本語も話せる優しいアメリカ人の助けもあって何とか乗り切った。だが、結局は、大学院に付属しているライティング・センターに行き、家庭教師としてジョージ君を雇うことにした。ジョージ君は賞をもらうほど優秀なライターで、彼の指導のもとライティングを学べたことは、コロンビア大学時代の最大の収穫といっていい。

2000年の春学期、私にとっての2学期目が始まった。同じティーチャーズ・カレッジの友人の紹介でコロンビア大学の東アジア文化研究所の日本語学科でティーチング・アシスタントをすることになり、昼は仕事、夜は勉強、の二束のわらじをはくことになった。だが、授業の方はジョージ君に鍛えられつつあったので、文章は徐々に満足のいくものが書けるようになり、レポートの評価でもAを取れるようになった。

またこのセメスターから「がおぽん」が登場する。その名前の響きから外国人男性を想像するかもしれないが、日本人女性である。通常アメリカの大学は秋の9月から入学するものであるが、がおぽんは1月からいきなり現れたので印象的であった。彼女は出願時にTOEFLの点数がコロンビア大学の合格最低点の600点に届かず、ボストンの大学に行ってその後、TOEFL600点を取得して編入した、といっていた。

ちなみに私のコロンビア大学出願時のTOEFLの点数は577点で、合格最低点に届いていない。なぜがおぽんが落ちて私が合格したのかはいまだに謎である。ちなみにピーターはアメリカ人であるにもかかわらず、コロンビア大学出願時にTOEFLのスコアを求められたらしい。私も大学院出願時に、いくつかの大学院からTOEFLやGREのスコアが届いていないため、再送するようにいわれたことがある。人の一生を左右する大切なプロセスであるにもかかわらず結構、いい加減なのだ。まあ、だから私も合格できたのかもしれない。

がおぽんは人当たりもよく、頭もよい。日本の留学生をターゲットにしたボストン・キャリア・フォーラムでも、たった3日の間にソニーやリクルートなど有名企業からいくつもの内定をもらってきた。私も試しに参加してみたが、獲得した内定数はゼロであった。私はがおぽんと同じ年齢で同じ大学院の同じ学部学科であったにもかかわらず、このボストン・キャリア・フォーラムでの就職活動では、私たちの間には大きな違いが存在することを再確認させられた。たとえば人当たりの良さや頭の良さもさることながら、彼女は早稲田大学の出身であった。ボストン・キャリア・フォーラムでもいくつかの企業の人事の方から「君も早稲田なの？　僕も早稲田でねー」と話が弾んだそうである。私の就職活動期間中には、人事担当の方と「君も成城なの？　僕も成城でねー」というような会話を交わしたことは一度もなかった。

またがおぽんのボストン・キャリア・フォーラムに対する準備の度合いが私とは雲泥の差であった。彼女はこのフォーラムで内定をもらうために3日間のフォーラムの初日から積極的にアピールしていった（まあ、それが普通なのだろうが）。私は、大学のティーチング・アシスタントの仕事もあり、2日目からの参戦で、多くの企業は既に選考試験を行っていた。また面接の内容についてがおぽんと話をしている時も、私の準備していた面接内容についてコミュニケーション能力があります」、とか誰でも思いつくようなアピールの内容。「絶対落ちる」と一刀両断にされてしまった。彼女は以前から広報やPRの分野で働きたいと思っていたこともあり、うまくコミュニケーションを取り、自分をマーケティングしていく能力に長けていた。もちろん意識してそういったコミュニケーション能力を高めた部分もあると思うが、彼女には自然とそういうコミュニケーション能力が備わっていたのかもしれない。

ヨーロッパ旅行

2000年、大学院が夏休みに入る5月から6月にかけて私はヨーロッパを旅行した。当初はニュージャージー州のニューワーク空港からシカゴ経由で、以前滞在していたバーミンガムに向かう予定だったのだが、空港のチェックイン・カウンターで荷物を預けた後にシカゴ近郊が悪天候のため、フライトがキャンセルされてしまった。仕方がないので手荷物引渡し所に荷物を取りに行くと「おまえの荷物はもうない」という。どこに行ったか分からないらしい。隣ではラテン系らしいビジネスマンのおじさんが「俺の荷物はどこに行ったんだ。アメリカン航空は最悪の航空会社だ」と怒鳴り散らしている。彼も私もフライトがキャンセルになった上に荷物がなくなったのだから踏んだり蹴ったりだ。アナウンスで「バーミンガム行きはキャンセルされたがロンドン行きならあるから、もう一度チェックイン・カウンターに行ってチェックインしてくれ」という。「ロンドンからまたバーミンガムに行くのか・・・ちゃんと行けるかなあ」と不安に思いながらチェックイン・カウンターに戻ってみる。

カウンターのお兄さんに「預ける荷物はあるのか」と聞かれたので「預けるはずの荷物がない。行方不明だ」と答えると私が彼の英語を理解してないと思ったらしく「預ける荷物はないのかと尋ねてるんだが」と不愉快そうに聞いてくる。「荷物は預けたんだが、行方不明なんだよ」というと「下（手荷物引取り所）に行って取って来い」という。「下に行ったんだけど、ないんだってばさ」と主張すると「こいつはもう話にならない」とあからさまにあきれ顔をされる。仕方がないので手荷物引取り所に行き、そこの担当のお姉さんに訳を話し、上のチェックイン・カウンターのお兄さんが話を理解してくれないのでまた何かいわれたら対応してくれるかとお願いし、電話番号をもらう。再び、いや三度チェックイン・カウンターに行くと「またお前か。今度はなんだ」といわれる。「下に電話してくれ。彼女が説明してくれる」。やれやれ。「アメリカン航空は最悪の航空会社だ」といったラテン系のおじさんの言葉が忘れられない。

ロンドン・ヒースロー空港に着くと、やっぱり荷物が出てこない。アメリカで行方不明になったまま、どこに行ったのか分からないのだそうだ。イギリスのアメリカン航空の人たちは親切で、バーミンガムまでのバスのチケット（もちろん無料）を手配してくれ、荷物も到着次第、バーミンガムの友人の住所に送ってもらえることになった。バーミンガム到着後は友人が迎えにきてくれ、とりあえずその日に必要な下着や靴下などを購入した（本来であればこの費用も航空会社に賠償請求できるらしいが、気が弱い私には無理な話であった）。

数日間バーミンガムの友達の家でゆっくりした後、ニューヨークの語学学校で知り合ったスウェーデン人の友達、ソフィアに会いにストックホルムへ行くことにした。ソフィアが空港まで迎えに来てくれるはずだったのだが、その日は仕事で来られないということで、代わりに彼女のお母さんが空港で「HIROSHI ITO」のボードを持って待っていてくれた。私に会うまでに3人ほどアジア人の男の子を捕まえて「あなた、ヒロシ? え、違うの? 本当に?」と何度も尋ねたそうである。

ソフィアの家に到着後、しばらく彼女の両親と談笑しているとソフィアが帰ってきた。彼女の家では、私の前ではソフィアも両親も弟さんもすべて英語で話してくれた。これにはびっくりした。弟さんは英語が苦手らしくちょっと苦戦していたようだが、それでも日本では家族間で英語だけで話すなんて考えられない。ありがたいと思うと同時に恐縮である。

その後、ソフィアとストックホルムにあるダンスクラブ「ヘブン」に行った。ヘブンを出たのは明け方に近い夜中であった。ソフィアにストックホルムの治安状況を尋ねると「大丈夫、たまにレイプ事件がある程度」という。ソフィアの家に戻るためにタクシーに乗ったが私よりやや年上の男性も相乗してきた。彼は私がどこから来たのかなど、色々と話しかけてきたが、私は心のなかで「こいつはレイプ犯かもしれない。もしそうだった場合、ソフィアの前に僕が殺される。そうなったら本物のヘブンに行くことになる」と身構えて気もそぞろであった。しかし彼は降車時に運賃も多めに払ってくれ、そのまま去って行った。単に良い人であった。タクシーで家に着くと庭にはトナカイがいて私たちの姿を見ると走り去って行った。それが本当にトナカイかどうかわからないのだが、単なる鹿ではない面持ちであった。その話をソフィアのお父さんにすると、「ここら辺にはよくいるんだ。おまえもトナカイを食ってみるか」と冷蔵庫からトナカイの肉を出してきた。見た目は普通の肉であるが、森の味というか木の味がした。もちろん木を食べたことはないが。

また当初は予定してなかったが、せっかくヨーロッパにいるのだから、とニューヨークの語学学校で知り合ったフランス人の友達のアナベルに会いに行くことにした。しかし最初に行った旅行会社でバーミンガム～パリ間のチケットは500ポンド（9万円）くらいする、といわれたため、行かないつもりでアナベルに電話した。しかし「わざわざパリに来ないことを伝えるために電話してきたの？」と怒られたので、バーミンガムに住む友人の力も借りて、何とか安いチケットを見つけてパリに行くことになった。しかし今までの友人と異なり、アナベルはパリのシャルル・ドゴール空港まで迎えに来る気はまるでないらしく、住所だけ教えるからタクシーで来いという。

シャルル・ドゴール空港でタクシーに乗り、アナベルの家の住所を渡す。遠回りをされているとか料金を多めに取られている可能性もあったのだろうが、まったく何もわからないので、ただ黙ってタクシーに乗っていた。彼女の家に着き、そこでニューヨークの語学学校に通っていた他のフランス人の友人達と合流して4人でフランス料理を食べに行く。食べ物はどれもおいしかったが、最後に大きな皿に盛られたチョコレートムースが出てきた。でかいなあ、と思いながらそのままスプーンで食べ始めると、ウエイトレスのお姉さんが飛んできて「大皿から自分の小皿に分けて取らなければダメじゃない！」と怒られた。

次の日、アナベルは突然ぎっくり腰になってしまい、動けなかったので、泊めてもらったお礼もかねて見舞いの花を買いに行った。花屋で「フランス語は話せないので英語で話してもらえますか」とフランス語でお願いし、花屋のお姉さんも「いいわよ」といったのだが、その後の会話もなぜかフランス語であった。よくフランス人はプライドが高く、英語ができてもフランス語で話すといわれるが、本当に英語ができない人も多いのではないか、と感じた。

ブラジル・サルバドール短期留学

大学院修士課程の1年目と2年目の間に、私は1カ月ほどブラジルのサルバドールにポルトガル語を学びに行くことにした。いつものように突発的に決めたことではあったが、私はかつて旅行をする際に、これほど用意周到に準備したことがあっただろうか、と思えるほど、この時は念を入れて準備した。正直、ブラジルにビビッていたのである。ブラジルは2回目であったが、前回と違って、今回は友人が守ってくれるわけではない。空港には、通うことになるサルバドールのポルトガル語学校の人が迎えに来てくれるらしいが、その他のことは何もかも1人で行わなければならない。当然ポルトガル語で生活しなければいけないし、サルバドールの治安にも気を配らなければならない。出発の日、お昼にどこで何を食べたのかを逆にはっきりと覚えているほど私は緊張してフライトの時間を待っていた。ニューヨークからサンパウロを経由して最終目的地のサルバドールへ飛ぶ。今回は前回のブラジル訪問の時のような長時間に渡る荷物検査はなかった。

空港に着き、迎えに来てくれた人は、通うことになる語学学校のディレクターさんだった。英語とポルトガル語のちゃんぽんでなんとか会話をする。学校のある街へ向かう途中の国道の景色は、左手に広がる綺麗な建物ばかりが立ち並ぶ地域と、右手にある山の土手に穴を掘っただけのまさに縦穴式住居みたいな家が並ぶ地域のコントラストが非常に印象的であり、途上国の貧富の差を再意識する出来事であった。

さてホームステイ先はマンションのワンフロアで、お母さんと2人の娘さんに1人の息子さんという4人家族構成だった。着いた最初の日に「あなたは何歳なの？」とポルトガル語で聞かれて「14時間」と答え、笑われた。ニューヨークからここに到着するまでの時間を聞かれたと思ったのだ。窓からはすぐ海が見え、ビーチまで約30秒という絶好の立地であった。マンションにはガードマンがついており、治安も守られているが逆にそれだけ危ないということが推察できた。さて街の様子であるが、通りにはストリートチルドレンがたくさんおり、「お金をちょうだい」といってくる。最初はそれほど気にならなかったのだが、いつもねだってくるのでそのうち煩わしくなり、しかもいつもばかにしたように「シーノ（ポルトガル語で中国人の意味）」と呼んでくるのでだんだん腹が立ってきた。

中国人と呼ばれて腹を立てるのは、中国人を軽視差別しているからである、という人がいるが、それは必ずしも正しくない。たとえばラテンアメリカやアフリカにおいて、アメリカ人は「グリンゴ（アメリカ人の蔑称）」とか「ブランコ（白人）」とか呼ばれるが、私のアメリカ人の友人はやはり腹を立てるという。だが彼女いわく「ひろしはもっと腹が立つんじゃない？　だって私は本当に〝グリンガ（アメリカ人女性）〟だし〝ブランカ（白人女性）〟だけど、ヒロシは〝中国人〟じゃないからね」といっていた。

だが彼女がアメリカ白人女性と呼ばれても腹が立つように、私は「日本人」と呼ばれてもあんまり気分がよくない。日本で自分が自分の出身地で呼ばれたらどう思うだろうか。「よう、関西人」とか、「三重県人、元気かい？」と呼ばれるのと同じような感じである。やはり、多少間違っていても名前で呼ぼうとしてくれた方が自然で嬉しい。また逆に「チニート（中国人ちゃん）」と呼ばれても、向こうがこちらに親しみを込めて呼んでくれている場合は、まったく気にならない。問題は、相手が愛情や親しみを持ってくれているかどうかだと思う。

就職活動

さて私はブラジルに行く前、日本で就職活動を始めていた。その頃には修士号の取得が目前に迫っていたこともあり、名前も博であったため（私が将来博士号を取ることを願って父がつけた名前らしい）、いずれは博士号を取りに大学院に行くつもりであった。しかし「理想の28歳になるため」に、少なくとも2、3年は実社会を見てから学問の世界に戻りたかったのである。どうせ学問の世界に戻るんだから、自分の専門とはまったく関係のない職についてみるのも悪くないかもしれない。そう思って、食品会社からシロアリ駆除の会社まで説明会に行ったり、応募してみたりした。だが、こんな心構えで受かるわけがない。塾などの教育関係では筆記試験は受かるのだが面接で落ちてしまう。数年しかいない腰掛、という気持ちが伝わってしまうのであろうか。人材派遣会社を通して外資系の証券会社から内定をもらったが、行かなかった。私に金融の知識がないために夏休みは研修にくるようにといわれたからだ。しかし夏休みは前述のブラジル留学の準備を進めており、結果としてそちらを優先した形となった。その後も、前述のボストン・キャリア・フォーラムやリクルート・キャリア・フェアなどに参加したのだが、どれもダメだった。さてどうしよう。このままでは無職になってしまう。

第4章 教育サービス会社

2001年1月、コロンビア大学の東アジア研究所日本語学科でともにティーチング・アシスタントをしていた日本人の方が、ニュージャージー州にある日系の教育サービス会社で講師をしていたのだが、彼女は夏前に辞めるつもりなので後釜を探しているといってきてくれた。仕事内容はニューヨーク近郊で働いている日本人駐在員などの子女に英語などを教えるというものだ。良かったら面接に来ないかといわれ、就職先も何も決まってなかったのでありがたく面接を受けに行った。社長と、人事担当の先生が面接してくれ、時間は正確には計っていないが10分程度で内定をいただいた。もちろん、すでに講師をしている知り合いの紹介であるのが大きかったのだろう。「あんまり出せないんだけど」とお給料の話になった。週5日出勤と週6日出勤という選択肢があるのだが、最低保証される賃金が週5日だと1250ドル、週6日だと1500ドルとある。私は平日に1日休みをもらって大学院の授業を取りたいと考えていたので週6日出勤という選択は考えてなかった。だが、週5日のお給料では、ニュージャージー州のアパートが大体700ドルから800ドル位として、光熱費や食事代を計算したら買い物どころかYシャツをクリーニングにも出せないような金額だ。これでは貯金も生活もできないので、内定を辞退しようと思っていた。しかし人事の方が「迷ってるんだって？　とりあえず飲みに行こう」と誘ってくれ、マンハッタンの居酒屋に行くことになった。私の内定辞退の理由は、

1. お給料が低い
2. 夜の仕事なので友人ができないし、逆に減る
3. この条件で3年間、働く自信がない（就労ビザの関係で3年働かなければいけない。就労ビザの取得に会社も50万円程度の出費があるため、3年未満で辞めると基本的に罰金を支払わなければならない）。
4. ニュージャージー州に住む場合、車が必要だが、買うお金もなければ運転もしたくない

というものであった。彼は私の内定辞退の理由に対して一生懸命答えてくれ、是非うちへ、といってくれた。こんな風に私にいってくれる会社は他にはないだろう、と思ったので、私

はプラクティカル・トレーニング（アメリカの大学、または大学院を卒業すると1年間、合法的に就労することのできるシステム。学生用F―1ビザに付帯している）を行使し、とりあえず1年間、ということで働かせてもらうことになった。

アメリカで生まれ育った子どもに英語を教える、というのはなかなか貴重な経験だ。なかには英語のほうが堪能なお子さんも多く、少なくとも発音は私よりずっとうまい。小学生や中学生でTOEFLのスコアが紙媒体換算600点（現在のバージョンであるiBTでいう100点）を超える子もいた。そういった生徒に英語を教えるのは、自分の英語力を鍛える意味でも非常に役に立った。

私が教えていたアメリカ在住の子どもたちは素直な気がした。アメリカは車社会で、車がないと1人で行動しづらいためか、車を運転する年齢に達するまでは、親に対する依存が良い意味でも悪い意味でもあるようで、それも子どもが比較的従順な理由の1つだと思われる。そんなわけで教えるのにそれほど苦労した感じはない。ただ素直な分、率直に意見を言う。何人かの生徒からは「先生の授業から学んだことは何もないよ」といわれたこともある。そう感じた生徒に対しては今でも本当に申し訳ないと思っている。私のことを非常に嫌っていた生徒もいた。それもそうさせてしまった私のせいである。もしまた教える仕事につく機会があれば、あの時よりも少しはマシな教員になりたいと思っていた。

教育サービス会社にて生徒たちと

私は20代半ばの比較的若い時期に教員をし、このような苦い経験ができたことが後に役立っていると感じている。その後、パラグアイで高校の英語教員をした時も、戸惑ったこともあったが、この経験から、言語も文化も違う生徒に向き合って授業を展開することができた。それがまた現在の大学で異なった年代を教える際にも応用できていると感じている（場数を踏んで慣れた部分も大きいし、異なる国や文化での教員経験が話のネタにもなる）。そして教員経験の間に実務経験を入れることで、一度教員から離れることができ、教員としての過去を反省する時間があったことで、外の視点から教員というものを考えることができた。

２００１年9月11日、あの事件が起きた。世界貿易センタービル同時多発テロだ。いつものように午前9時頃に起きてテレビをつけると世界貿易センタービルが燃えており、その直後、飛行機が燃えているビルに衝突した。すぐ社長に呼ばれ、他の上司らとともに会社に向かった。当然、その日は休校となり、生徒の家に電話するとともに、ニュースなどで現状の確認を行う。分校に行くために使用するニュージャージー州とニューヨーク州を結ぶジョージ・ワシントン・ブリッジや私の勤務する会社の入っているビルがテロの対象にならないとも限らない。ヤフー・ニュースを見ると午前中の時点では11の便が行方不明となっており、最終的には世界貿易センタービルに衝突した2機を含む4機がテロにより墜落した。午後には社長と一緒に車でワールド・トレード・センターの見えるハドソン河沿岸に行った。世界貿易センタービルからは煙が黙々と立ち上っており、なんとか持ちこたえているという感じであった。

その後、このテロの影響でいくつかの日本企業がニューヨークから撤退した。これは主に駐在員の子女を顧客としている我々の会社にとっても痛かった。ある有名な企業の方は、「海外から撤退するのは簡単だが、新たに事業を始めるのは難しい」と無念そうに話していた。

この教育サービス会社での勤務は、私にとって初めてのフルタイムの仕事ということもあり、本当に色々なことを学ばせていただいた。社長には良くしてもらい、一軒家に他の上司と一緒に住まわせていただいた。時間のある時にご飯を一緒に食べに行くのはもちろんのこと、休日は釣りに行ったり、バスケットボールをした。仕事にも慣れた頃、2002年の夏からカリフォルニア州のアーバインで事業を新たに展開するからそちらの方に行かないかというお誘いをいただいた。2001年の12月にはそのパイロット事業として1週間、上司とアーバインに出張して授業を行い、パイロットにもかかわらず損を出さなかったという意味では成功を収めた。

しかし、就労ビザを取って後3年働こう、という発想には至らなかった。お給料のせいではない。お給料は技能給や通信教育の添削代などで当初いわれていた金額をかなり上回っていた。週6日勤務で遊ぶ時間もあまりなく、しかも上記のように社長の家に下宿をしていたので家賃も安くそれ以外の出費は、食費と光熱費だった。貯金はどんどん増えていき、中古ながら車も買った。会社を辞める理由は、内定を辞退しようとした理由とは異なるものだった。やはり自分が大学院で勉強した国際開発に関わり、自分の世界観を広げたい。そうするには早いほうがいい。そう思っていた私はNGO（非政府組織）への転職を決意する。次章で述べるように、NGOは途上国の現場で現地の人々とともに生の問題に取り組むことができると考えたからだ。幸い社長が私の考えを理解してくれ、「やめたいという人を無理に止めてもロクなことはない。有給休暇を使ってNGOの面接に行っていいよ」と言ってくれたので、早速マサチューセッツ州までバスで面接に行き、その年の夏からNGOで活動することになった。それが決まったのは2002年1月だったのだが、その頃から会社への愛着が一層強くなった。「もっといい教育サービスの会社」にするために、新人のトレーニングから授業における工夫まで、自分なりに頑張ったつもりである。

2002年の4月には新人が3人、日本から渡米してきた。全員、女性である。最近は協力隊やJPOでも女性の応募者の方が多い。ユニセフやユネスコ時代も特に日本人の同僚には女性が多かった。あるユネスコ女性職員は日本の職場における差別も海外への日本人女性進出の原因だといっていた。新しく会社にやってきた3人のうちの1人は、英語科目の担当で、日本の大学を卒業後、直接アメリカに来たので当初は非常に苦労していた。英語といっても主に教えるのは文法やライティングで会話力はそれほど問われないが、その文法やライティングを教えるのが難しい。授業準備のために朝の5時まで会社に残り、朝は9時に出勤していた。上司にも相談してみたが、逆に「どうすれば（文法やライティング等の）英語力がつくのか彼女に指導してほしい」とお願いされた。

どうすれば英語ができるようになるのか、という質問は学生からもよく受けるが、これは答えるのが難しい。私の場合、海外の大学や大学院に留学して英語ができないと困る状況に自分の身をおいて習得したつもりだが、他の誰もが同じやり方をすれば同様の英語力が身につくのかというとそうではないだろうし、逆に日本にいながら英語力を身につける人もいるだろう。私は大学時代の語学留学では会話力に焦点を当てて勉強した。その後TOEFLの勉強を通じて文法力を鍛え、大学院でジョージ君に出会い、彼の指導を受けながら彼をコピーする形でライティングの能力を向上させた。いずれにせよ相当の時間と努力が必要となる。私自身、当初は大学院で前述のように「あまりにひどいペーパーで採点できない」といわれたのだ。どうすれば英語ができるようになるのかという本は多く存在するが、こうすれば絶対、という普遍的な方法は存在しない。多くの方法を参考にしながら、それぞれが時間を費やして自分のやり方を発見していくしかない。学問に王道はないとはよくいったものだ。

帰国する子女のご家族からもどうすれば日本に戻ってからも英語力を保つことができるのか、と質問されたことが何回かある。環境に適応するのが得意な者ほど、必要なものは学ぶのも早いが、必要ないものは忘れるのも早い。子どもが良い例である。私の知り合いで幼少期をフランスで過ごした日本人がいるが「日本に帰国する飛行機の中でフランス語は忘れてしまった」と言っていた。人は使わないものは忘れてしまう。情報の引き出しを整理するために脳がそういう構造になっているからだ。

第5章
NGO

NGOマサチューセッツ編

ニュージャージー州の教育サービスの会社を退職した後、私はマサチューセッツ州のNGOで活動を始めた。国際開発の勉強をした人で、途上国の現場で働きたいと思わない人はあまりいないと思う。旅行ではない、学問的なフィールドワークでもない、途上国の現場で現地の人たちの実情を直に体験し、現地の状況を改善する方法をともに考えるという経験を積むのは、いきなり国連や世界銀行などの大きな開発組織で仕事に就くよりも大事なことのように思えた。これは決して国際機関の仕事がダメだといっているのではない。国際機関だからこそできる開発の仕事もたくさんある。だが、途上国の実情を知らないで開発の政策やプロジェクトを練っていても、現実に即した解決法は考えつかないのではないか。もちろん国際機関のなかにもユニセフやUNHCRのように現場重視の組織が存在する。たとえばユニセフの本部はニューヨークにあるが、150を超える国に地域事務所を構えている。後述のように私もフィリピンにあるユニセフ・マニラ事務所で勤務し、ユニセフは本当にフィリピンに貢献していると感じられる場面も数多くあった。しかしそれでも多くの地域住民にとってユニセフ職員というのは特権階級の人間なのだ。首都マニラの高層ビルにあるオフィスに勤務し、それなりのお給料をもらい、警備員のいるプール付きのマンションに住む。ユニセフ時代は他のNGOとも仕事をすることが多かったが、彼らは、国際機関や政府援助機関の職員の多くは現地の事情がわかっていないと嘆いていた。

結局のところ、70年以上に及ぶ国際開発の歴史が物語っているように、援助の功績は輝かしいものではない。時には途上国の状況を大幅に悪化させ、対外債務だけが増えていく国も多い。かつてタンザニアのニエレレ大統領は「我々は飢餓で亡くなる人を見捨てるか、我々の子供たちが借金を返すか、どちらの選択をすべきだろう」といった。実際は、飢餓で亡くなる人の数は変わらないまま、途上国の子供たちが将来的に返さなければならない借金の額は増えている、という国もある。しかし、この現状も実際に肌で感じてみないとわからない。

さてこのNGOを選んだ理由であるが、一言でいうと入るのが簡単だったからである。このNGOに入る前は教育サービスの会社で働いており、休みは日曜日しかなかった。何回も筆記試験や面接を受けに行くのは難しいので、簡単に入れてくれるNGO以外は選択肢から外れていた。またグアテマラやニカラグアといったスペイン語圏に派遣してもらえるといった点も魅力の1つであった。国際機関でも英語、スペイン語、フランス語が公用語として重要度が高いということで、スペイン語かフランス語を学びたいと思っていた。特にアメリカは中米からの移民も多く、スペイン語話者が多いので、スペイン語ができたらさぞかし楽しいだろうと考えていた。またポルトガル語をかじっていたため、スペイン語の習得もしやすいだろうという目論みもあった。

2002年の7月に教育サービスの会社を退職して約3週間ほど日本に戻った後、6カ月滞在ビザを取って再びアメリカへ渡った。さてこのNGOではスペイン語などの語学研修やプロジェクト学習などもあったが、研修期間の約半分は「ファンドレイジング」をして過ごした。ファンドレイジングとは、簡単にいうと募金活動である。だが、日本でやっているような、募金箱をもって街頭に立つ、というものとは少し異なる。アメリカでは、道行く人に声をかけて、一緒に歩き、しつこく自分のやっていることを説明し、嫌がられながらなんとかお金をもらうのである。これは体力的にも精神的にもかなりしんどい。声をかけても無視されることがほとんどで、罵声を浴びせられることもしばしばあった。「何を売っているんだ？」「何も売っていません。お金がほしいだけです」と繰り返す。最初は本気で、自分の車を売ってその金で中米に行こうと思っていた。人としての尊厳を失いながら物乞いをするという行為には耐えられないと思ったからだ。だが、そうは問屋が卸さなかった。私の所属していた中米チームは1人ずつがノルマの5500ドルを集めるのではなく4人で22000ドルを集めるという「グループ目標」にしたのだ。みんなが頑張っているのに、自分だけズルはできない。

最初の1週間はヘトヘトになりながらボストンの路上に立っていた。当時の日記を読み返してみるとファンドレイジングで途方に暮れていた様子が伺える。日記によるとファンドレイジング1日目は午前中になんとか18ドル集めたが、午後はまったくダメで6時間も何ももらえず落ち込んでいたとある。サボって何もしなかった日もあった。当然その日の収入はゼロだった。そのうち、家を周って話を聞いてもらいながら募金を集めるキャンバシングの方が得意であると気づき、ほとんどキャンバシングをしてお金を集めるようになった。キャンバシングだと、話をちゃんと聞いてもらえ、納得してもらった上で、私の所属する組織のことを知らないにもかかわらず「あなたになら」と多額の募金（200―300ドル）をしてくれることが多かった。

もちろん、キャンバシングも楽な仕事ではない。路上よりも1回でもらえるお金が多い分、もらえる機会が少ない。留守の家も多い。したがってなるべくたくさんの家を回る必要がある。週末や夕食時、家の人がせっかく休んでいるところを玄関のチャイムを鳴らし、可能な

NGOの同僚たちと

限り謝りながらお金をくださいという。一緒にファンドレイジングに行った同僚は、私が家を回る度に20回も30回もただひたすら謝っているとあきれていた。出発前は胃が痛くなる。便に血が混じっていたこともある。ボストンの冬は寒い。大雪のなか、雪を踏みしめながら歩く。トイレもご飯もない。家周りをしている間はただ「自分は自分の役割をこなすだけ」というフレーズだけが頭のなかにあった。今でも何かつらいことがあった時はこのことを思い出すようにしている。「あの時のファンドレイジングよりはよっぽどマシだろう」、と。

このNGOでの活動のなかでも、いくつかの特記すべき出会いがあった。そのうちの1つはイスラエル人のパジットとの出会いである。彼女は、中東の情勢や文化について色々なことを教えてくれた。私が大学院にいる時、平和学を勉強していた友人がイスラエルとパレスチナの紛争をやめさせようとする署名活動を行っていた。私はその活動に意義があろうことはわかっていたが、イスラエルとパレスチナの紛争についてどうしても身近に感じられず、どうして他人事のように思ってしまうんだろうとずっと考えていた。中東の問題だけではない。アイルランドの宗教対立も、北朝鮮の核問題も考えなければならないということはわかっているつもりなのだが、どうしてもピンとこない。

中東の問題に関しては日本人でも色々なことをいう人がいる。「どうして意味のない血なまぐさい宗教対立を続けるんだ」、と。しかしイスラエルやパレスチナに住んだこともない私たちが彼らの問題を本当に理解することなんてできるのだろうか、とも思う（もちろん、色々なことをいう人のなかには中東に滞在したことのある人もいると思うが）。アメリカにいる間、パジットは連日入ってくる自爆テロのニュースに「もう、うんざりだ」といっていた。「でもこの戦いはずっと終わらない。終わりようがない。たとえ表面的にどう変わろうとも根底にあるものは変えられないから」と憎しみの連鎖が途切れないことにある種のあきらめを覚えているようであった。

そんななか、同じNGOにいたパレスチナ人ロシアとパジットの仲が良かったのは私の目にはうれしくもあり、不思議でもあった。そのことをパジットに尋ねると「ロシアはヨルダンという自分の国を持っているパレスチナ人だからね。パレスチナ自治区のパレスチナ人だったらこんな風に友達になれなかったと思う」といっていた。彼女の言葉を表面的にでも理解するには、2000年以上前のユダヤ人がローマ帝国から追放されたディアスポラまで歴史を逆上らなければならない。そこから1897年にスイスのバーゼルで行われた世界シオニスト会議、第一次世界大戦のバルフォア宣言、第二次世界大戦におけるナチスのユダヤ人迫害、1948年のイスラエル国家成立、1964年のPLO結成、四度に渡る中東戦争、1978年のキャンプデービッド会議、1982年にイスラエルと単独和平を結んだエジプト大統領サダト暗殺、2004年のアラファト議長の死と2005年イスラエルのガザ地区からの撤退など、気が遠くなるようなプロセスを理解しなければならない。

歴史を本で理解するのもいいが（その場合、エドワード・サイードの『オリエンタリズム』がおすすめである。古い本だが近年の中東事情の理解にも役立つ）、やはり現地に行ってしばらく滞在してみたい。パジットもイスラエルは皆がいうような危険な所ではないから是非来てみればいい、という。だが、私の両親はかなり心配するだろう。そういうと彼女は、私の母親や妹がエジプトに行ったことを引き合いに出し、「イスラエルが危ないと思うのも無理はないけど、ちゃんと安全な観光地域もたくさんあるのよ。ヒロシの家族がエジプトに旅行に行ったことがあるっていうのなら、自分もエジプトに行くっていってイスラエルに来ればいいのよ」という。この本を書いている時点ではまだイスラエルには行けていない。

NGOグアテマラ編

２００３年2月7日、飛行機でニュージャージー州のニューワーク空港からニカラグアのマナグア空港へ飛ぶ。マナグア空港の入国管理局で「あなたの名前はＨｉｒｏｓｈｉｉｔｏ（ヒロシちゃん）？」と笑われる。スペイン語でｉｔｏ／ａは小さいものを意味し、人の名前につけると「～ちゃん」のようになる。空港の外に出るといきなり南国の30度を越す空気に触れる。それまでマサチューセッツのマイナス20度の大雪のなかにいたので、大きな気候の変化である。ＮＧＯの同僚の女性の彼氏であるアレハンドロが車で空港まで迎えにきてくれた。色々な所に連れて行ってもらった後、彼の家に泊めてもらい、翌朝バス停まで送ってもらった。長距離バスに揺られ、途中ニカラグアのサービスエリアのようなところで休憩していると、子どもたちにお金をねだられた。ブラジルと同じ光景で、相変わらず「チーノ（中国人）」と呼ばれる。エルサルバドルのホテルで1泊して丸2日かけてグアテマラに到着した。

グアテマラは中央アメリカに位置し、人口の半数前後がマヤ民族という国だ。現地の人の話だと１９６０年から１９９６年まで続いた内戦、特に80年代のリオス・モント政権時代における先住民迫害のため、自身がマヤ民族であることを隠したり否定したりする人も多く、正確なマヤ人口の数はわからないそうだ。また中米の国々は人口の半分以上が貧困層に属するのだが、そのなかでも貧しい部類の国であった。

さて住むことになる町は首都のグアテマラシティからバスで約1時間のクイラパというところで、人口は３４００人程度である。殺人事件も度々あり、危ないという話であったが、気さくな人が多いようで、ある日知らない人に挨拶をして何人から返事が返ってくるのかという調査をしたところ、31人中24人から返事が返ってきた。

赴任当初はマラリアが存在するということでマラリアピルを飲んでいたが、現地の人の話だと既に撲滅したと言われ、飲まなくなった。数年前に日本でも発生したデング熱は定期的に流行するため、要注意である。しかし蚊がありとあらゆる所に飛んでおり、注意のしようがない。クイラパの河川は住民のゴミ捨て場と化しており、水が流れないため蚊の成育には最高の環境となっている。そのような環境で育ったせいか、グアテマラの蚊は日本の蚊と比較すると動きが早く、刺されるとパンパンに腫れてしまう。対策としては蚊帳だが、いつも蚊帳の中に入って生活する訳にはいかないので蚊取り線香で弱らせてなんとか仕留めるしか術がなかった。

働くことになるＮＧＯのスペイン語での名称はAyuda al Planetaで、英語だとPlanet Aidという訳になる。私のかかわることになった学校立ち上げプロジェクトのほか、青年海外協力

グアテマラにて同僚と現地の子どもたちと

隊でいう青少年活動やエイズ対策のような啓蒙活動、河川の清掃やゴミ箱の設置などの環境活動と、小規模ながらも多様な事業を行う組織であった。一緒に働くメンバーは、ネパール人のアジェ、フランス人のジュリアン、グアテマラ人のヘンリー、同じくグアテマラ人のルディミラである。私の前任者はキュラソー諸島出身でオランダ国籍のセバスチャンという人物であった。セバスチャンとは約2週間、任期が重複したおかげで引き継ぎを含め色々と学ぶことができた。私のカウンターパートは、地域の小学校のディレクターであるウイリアムさんである。

私の職種は教育コーディネーターと呼ばれるもので、仕事内容は当初プリスクール（就学前の4－6歳程度の子どもたちが通う学校）の運営の手伝い、のはずであった。はずであった、というのは、私がグアテマラに着いた時にはその学校自体がまだできておらず、土地だけが買ってあるという状態であったのだ。つまり私の仕事は、学校の運営ではなく、建設であり、そのための資金集めであった。前任者のセバスチャンは「自分のプリスクールを作るのが夢なんだ。国に帰ってからもできる限りの協力はするよ」といい、ウイリアムさんは「小学校に入る前の貴重な時間を読み書きを学ぶために使うのにプリスクールは重要なんだ。頼むよ」といわれ、すっかりその気になった自分は「学校を立ち上げるまでグアテマラから去らない」と公言した。

スペイン語学校

しかし途上国で資金を集めるというのは並大抵のことではない。何より私はグアテマラに到着した当初はスペイン語がほとんどできなかった。グアテマラに来てから3日目の当時の日記を見てみると、「今日は朝からJornada Medica（地元のお医者さんに頼んでお金のない人を安価で診察するキャラバンのような活動）で疲れた。患者さんに薬をあげて内容を説明するのだが、薬のことなんて何もわからないし、コミュニケーションも取れないし、大変だった」と書いてある。事務所の前の通りでも、よく近所の子どもたちから話しかけられたが何をいっているのか理解できなかった。何度か問い直すのだがやはり理解できず、最後は

「この中国人、スペイン語が話せないぞ」と呆れられる始末であった。アジェからも「スペイン語のできないヒロシの子守りをするために現地職員を1人配置しなければならないなんて仕事にならない。語学学校に通ってスペイン語を勉強してこい」といわれた。もっともだと思い、すぐにケツァルテナンゴ県にある語学学校に2週間通った。

ケツァルテナンゴ県はスペイン語学校で有名であり、青年海外協力隊もここで現地語学訓練を行っていた。当時、1週間大体1万5千円程度でホームステイ食事付きのマンツーマンの授業を受けることができた。たまに授業で渡される宿題のプリントを除いては、ワークブックのようなものはなかった。内容も、挨拶や日常会話ではなく、自分がグアテマラの生活や仕事で直面している問題点に対して議論をしたり、アドバイスを求めるものであった。当然、当時の私は難しいボキャブラリーを知らず、言葉に詰まることがほとんどであったが、いいたいことの一文丸ごと、1つ1つの主語や動詞、目的語に至るまで先生に聞いた。教科書やワークブックで自分に関係のない文章を勉強するより、よほど効率的に学ぶことができたと思っている。自分の日常に関連した興味のある表現ばかりを扱っていたので、一度やった内容は自然と生活のなかで反復することができた。また幸いにも最初に私についてくれた先生が英語も話せたので、わからないことはすぐに英語で尋ねることができた。ホームステイ先で飼われていたオウムまで「Hola（やあ）」「Hace mucho calor（暑いね）」「Un momento

（ちょっと待って）」「¿Dónde está mi amor？（私の恋人は何処）」とスペイン語で話してくるのだから、最高の環境でスペイン語力を短期間で高めることができたのである。

学校建設

2週間後、ケツァルテナンゴから戻った私はまず首都のグアテマラシティにあるＪＩＣＡ事務所に行って所長さんとプリスクール立ち上げプロジェクトについて話をした。そして所長さんから日本領事館に「草の根無償」という資金があり、学校建設にもよく使われているという情報を手に入れた。しかし後日、日本領事館にプリスクール建設費用の申請書をもらいに行くと、担当者の方が「学校立ち上げに必要な教室は1つだけでいいの？　うーん、学校建設にかかる費用が安いなあ。2万5千ドルを超える大規模なプロジェクトならいいんだけど、あまり安すぎると逆に難しいんだよ。そういえばＪＩＣＡに小さなハートのプロジェクトっていう日本円で30万円まで出してくれるプロジェクトがあるからそこに頼んでみれば？」といわれた。

日を改めてまたＪＩＣＡ事務所に行き、「小さなハートのプロジェクト」について尋ねると、ボランティア調整員の方に「小さなハートのプロジェクトですか？　あるにはあるんですが、応募する資格があるのは青年海外協力隊の方のみなんですよ」といわれ、力が抜けてしまった。わざわざグアテマラシティまで出てきているのに・・・。仕方がないので現地で資金を調達しようということになった。アメリカでも大変だったファンドレイジングをまさか途上国でやるとは思いもしなかった。まずはジュリアンと一緒に地元の学校を回ってファンドレイジングを行った。学校の校長に会って校内におけるファンドレイジングの許可をもらう。大抵は付き添いの人がいて、教室を1つ1つ案内される。そうしないと授業をしている先生方や生徒さんたちがびっくりしてしまうからだ。教室に入ったらまず自己紹介を行う。

私「僕の名前はヒロシ・イトウ。日本人です。45歳です（当時は27歳）」というと、子ども達はびっくりして私の顔をじっと見る。そして私が45歳というのが嘘であるとわかると笑い出す。ラテンアメリカの人たちのいい所は下らないジョークにも反応してくれるところだ。

私「学校を建てるためにお金を集めています。たまに街で僕がアイスクリームを食べているところを見かけるかもしれませんが、ここで集めた皆のお金はちゃんと学校建設に使われます」と理由を話すと、みんな快く寄付をしてくれた。ただ寄付の額が少ないため大口の寄付を求めて地域の地主さんなど、お金持ちの家や教会も回った。またNGOの母体団体の支部であるカリフォルニアのNGOにもファンドレイジングをお願いし、千ドルほど寄付してもらった。

さて資金調達とともに学校の建設にも取りかからなければならない。残された時間は5カ月弱と多くはなかった。そこでウイリアムさんの友人である大工ローランドさんを連れてきてもらい、用件を説明し交渉する。地域のボランティアの助けもあれば大体1カ月くらいで学校は完成するという。ローランドさんの労働に対する報酬は日本円にして3万5千円程度ということで決まった。後は資材を買うお金を集めることに集中するだけだ。しかし、その後ファンドレイジングをして必要な資材はすべて購入済みであったはずなのだが、1カ月経っても、2カ月経っても学校は完成しなかった。地域のためにプリスクールを建設しているはずなのに地域の人はボランティアに来てくれなかった。最初の数日間は物珍しさから何人か来てくれていたがその後はなしのつぶてであった。ローランドさんもやる気をなくしてしまったようだ。そこで仕切り直しをするために、違う大工さんを探してやり直すことになった。

新たに雇われた2人の大工さんもウイリアムさんの友人ということであった。しかし大工さんが増えてもなかなか学校は完成しなかった。アジェからは「ヒロシはファンドレイジングが主な仕事だ。学校建設の現場に行ってもできることは限られている」といわれていたのだが、ある日気になって現場に行ってみると大工さんたちがいない。よく観察してみると彼らは1日2時間程度しか働いていなかった。その理由は明らかで、お給料が日給制だったからだ。彼らからすれば早く仕事をするというインセンティブが働かない。早く学校を建てれ

学校建設の終盤，ペンキを塗る私

ば自分たちの仕事がなくなってしまう。毎日ゆっくりタラタラやっていればいるだけ、雇用期間が延びるのだ。これでは完成するわけがない。

この点についてウイリアムさんと話をした。「今まではウイリアムさんの友人ということで信用していたけど、この日給制ではダメだ。これからは何をやったかによってお給料を払う。たとえばトイレを作ったら300ケツァル（日本円で1500円程度）、床を作ったら300ケツァル、という風に歩合制にする。時間がいくらかかっても何日かかってもこちらから支払う金額は同じだということと、ウイリアムさんは「なんでそんな面倒くさいことをするのだ。日給制の方が、計算が簡単じゃないか」という。やれやれ。スペイン語ができなかったとはいえ、こんな状況になるまで彼に学校建設のマネージメントを任せておいた自分が情けない。

しかしこの雇用システムの変更によって大工さんたち

は朝の6時から夕方の6時まで一生懸命働くようになった。一時は私の帰国前に学校建設を完了させるのは不可能かと思われたが、後はペンキを塗れば完成という段階にまで来た。待ちきれず、そのペンキは私が塗った。また、この学校で働いてくれる教員を探さなければならない。そこで教育省にかけあってみたところ、教員を1人、給与付きで派遣してもらえることになった。学校を立ち上げるという仕事に関しては一応の決着がついたのだ。後日、ウイリアムさんに確認したところ、学校は順調に機能しているということであった。

問題点

さてグアテマラは私にとって初めて長期滞在した途上国だったため、仕事以外の面でも苦労があった。まず一番苦労したのは水がなかったことだ。家に蛇口はついていたが通常は蛇口をひねっても水は出ない。1週間に1回、1時間から2時間程度、しかも夜間に水が出るという状態だったので、蛇口は開けたままにしておき、水が出始めるとそれを汲んでドラム缶に入れて溜めて使っていた。ドラム缶1杯が男3人で使える1週間分の水の量であった。また、何週間も蛇口からまったく水が出ない時もあり、その時は雨水を溜めて使っていた。そんな状態だったのでお風呂等は毎日バケツ1杯であったし、掃除にも水があまり使えず衛生状態が悪かったためか肺炎になってしまった。

最初は肺炎とはわからず大丈夫と思っていたが微熱と咳が止まらず、そのうち肺が痛くなってきた。しばらくはのど飴を舐めながら何とか痛みをごまかしていたがアジェから「お前はもう十分に我慢した。今日病院に行け」といわれ、行くことにした。スペイン語がわからず不安な私に、家の前のお菓子屋の主人ドン・カリメロさん（通称、ぺぺさん）が病院まで車で送ってくれた上、病院内でも付き添ってくれた。病院では4、5時間待たされたが、その間もぺぺさんは側に居てくれた。病院は診察料無料の保健所のような所であったがレントゲンも完備されており、診察も適切に行われたおかげで無事に肺炎を克服することができた。アジェとぺぺさんがいなければもっとひどいことになっていたかもしれない。

次に、ラテン気質との付き合いという問題があった。学校立ち上げプロジェクトの例を見てもわかると思うが、グアテマラの人は良くも悪くもラテン気質で、一緒に遊ぶには楽しいが一緒に働くにはどうだろう、という部分がある。しかしこれが彼らの良い所でもある。以下は当時の日記からの抜粋である。「グアテマラのレストランのウエイターやウエイトレス、そしてもちろんコックは動きが遅いというか、頼んだものを持ってくるスピードが遅い。なんでオレンジジュースやハンバーガーを持ってくるのに1時間も2時間もかかるんだ、とレストランに行く度にイライラする。しかし彼らは非常に暖かい。ある意味でのプロフェッショナリズムがないせいかもしれない。開発という観点から見れば、発展のためにプロフェッショナリズムがないのはマイナス要素であるが、プロフェッショナリズムだけでは時として人と人との気持ちのやり取りに温度差を生む事もある」。事実、外国人の友人であるミッチー（後述）は、日本のお店にありがちなマニュアル的なプロフェッショナリズムには人間味がないと文句をいっていた。

またグアテマラだから、という問題ではないがジュリアンと一緒に住むことも大変な苦労だった。アジェは当時25歳で私より年下だったが、精神面では私よりはるかに成熟していた。一方ジュリアンは23歳ではあったが中身は（私も人のことは決していえないが）幼いと感じる事も多かった。いつも職場兼住居のなかでタバコを吸っており、外で吸ってくれといっても聞いてくれない。また家のなかの仕事は、料理や掃除などの役割が分担されていたが、彼はほとんど仕事をしなかった。料理ならするということだったので任せておいたのだが、とうもろこしを茹でておしまい、ということもあった。そんなこんなが重なって、私とジュリアンはついに大喧嘩になり、「彼とはもう一緒に住めない」と私は家を出てホテル暮らしを始めた。しかし仕事を続ける以上、職場で顔を合わせない訳にはいかない。ホテル暮らしを初めて1週間が経過したある日、パソコンに向かって作業をしていたジュリアンが「それでおまえはいつ帰ってくるんだ？」と聞いてきた。ジュリアンは職場の仲間としては、積極的で頼もしい一面もある。一緒に住んでいなければ彼に対するストレスを溜めることもなく、もっと良い関係を築くことができたであろう。またアジェは彼とうまくやっていたようなので、私自身の精神面での未熟さのせいでもあった。

第6章 青年海外協力隊（パラグアイ）

協力隊受験まで

2003年9月11日、ちょうど2001年にニューヨークで起こった世界貿易センタービルの同時多発テロから2年後に、私はグアテマラから日本へ帰国した。青年海外協力隊を受験する準備のためである。青年海外協力隊とは、国際協力機構が行っている原則2年間の任期付きで途上国にボランティアへ行く制度である。協力隊を目指す人のなかにもいろいろな動機の人がいると思う。純粋に人助けや社会貢献したいという人もいれば、将来のキャリアアップのために経験を積んだり、語学力を鍛えたいという人もいるだろう。なかには自分探しの旅であるととらえている人もいれば、人生のモラトリアム期間のような人もいると思う。

私の場合は、最終的には国際機関で働くための経験を積むというモチベーションもあったが、グアテマラでのＮＧＯの経験から、「途上国で、もう少し現地の人と働いてみたい」という気持ちが強かった。「そのままＮＧＯで同様の経験はできなかったのか」という質問もあるかもしれないが、私の働いていたＮＧＯは第5章の「ＮＧＯ編」でも書いたように、ファンドレイジングという、路上もしくは家回りでの募金活動をしなければならなかった。しかも1日１５０ドル（日本円で１７，０００円程度）というノルマがあり、こんなことをもう一度繰り返して違う途上国に半年なり1年なり行くのは割に合わないと思い、行き着いた結果が青年海外協力隊であった。協力隊は月２７０ドルから７００ドルの生活費のほかに国内積立金という制度があって、毎月日本の銀行口座に約10万円弱（当時）が振り込まれる。2年後に協力隊を終えて帰国した時には２００万円を超える貯金ができているのである。これは将来的に大学院の博士課程に進学しようとしていた私には魅力的であった。また協力隊の生活費は、少なくとも当時は途上国の現地の物価から考えるとかなりの額であると思われた。事実、ＮＧＯで働いていたグアテマラでは月１５０ドルにも満たない給料で十分に暮らしが成り立っていた。私の場合、日本やアメリカで普通に働いて家賃や光熱費を払いながら貯金できる金額よりはるかに多いだろう。そしてグアテマラのＮＧＯの時とは違い、プロジェクトを行うためのファンドレイジングをする必要がないという点も魅力的だった。

他の選択肢としてはＪＰＯ、ＪＩＣＡのジュニア専門員、ＵＮＶなどがあった。ＪＰＯとはジュニア・プロフェッショナル・オフィサーの略で、外務省が国連機関に人員を増やすため若い能力のある人材を2年間、国連機関にP2レベルの給与つきで派遣するものである。応募には、関連分野の修士号と英語力、数年の職歴が必要で、これらは私が21歳の時に定めた「理想の28歳になるため」の条件と合致していた。当時の私は、これらの条件をかろうじて満たしていたが、JPOの競争率はかなり激しい上に、応募者の能力は総体的に高いと考えられた。しかも当時はODA額の減少からか、合格者は年々少なくなろうとしている時期であった（近年、合格者の数は多少持ち直している）。このような状態だったので仮に受験したとしてもおそらく不合格だったであろう。

ジュニア専門員とはJICAが専門家を育てる目的で若手に経験を積む機会を与える制度である。当時の任期は日本で1年、海外で2年の計3年という構成であった。応募時期は年に2回あり、当時は各募集ごとに20名前後が採用されるとあったので、年間合計約40名が採用されていたことになる。開発分野での職歴が2年以上必要と募集要項に書いてあったので、選択肢として考慮してなかったが、2003年のニカラグア訪問時に話をしたJICAニカラグア事務所の所長さんが「イトウさんは途上国での経験もあるし、大学院でちゃんと開発を勉強してきたのなら合格する可能性はありますよ」といってくれたので候補に入れてみた。ただ他のJICA職員の方の話を聞いてもジュニア専門員は「現地の人と一緒に働く」という感じではない気がした。もちろん実際どうなのかはやってみないとわからないのだが、いずれやるにしても協力隊である程度途上国の現場を知ってから、ということで判断した結果が協力隊だったのだ。ちなみに現在は以前と比較するとＪＩＣＡのジュニア専門員になるのはさらに難しくなっているようだ。以前は「協力隊経験者の受け皿」という側面もあったそうだが、現在は定員も大幅に減り、望まれる職種や案件の内容もあらかじめ細かく提示されているため、その職種や案件に沿わない人材でないと応募すらできない。

ＵＮＶは国連ボランティア計画の略でＵＮＤＰの下部組織として１９７０年に創設された。いわば、国連における青年海外協力隊のようなものといえばわかりやすいかもしれない。プログラム・オフィサーのようなコーディネーター的要素の仕事も多いが最低2年から5年の専門分野での職歴が必要で、「ボランティア」と呼ばれているが、私の感覚からすると、ちょっとしたプロ集団である。任期は短期の案件もあるが、大体2年間であり協力隊と同じである。協力隊ＯＢ・ＯＧは国連機関からではなくＪＩＣＡからお給料が出るので比較的採用されやすい。事実、現在いるＵＮＶの約半数は協力隊ＯＢ・ＯＧだそうだ。私も一度、協力隊になる前に登録だけしてみたが、推薦状もないような状況だったので、返事はこなかった。

またＪＰＯと紛らわしいかもしれないが、ＦＡＳＩＤ（国際開発高等教育機構）のジュニア・プログラム・オフィサーにも応募した。ＦＡＳＩＤとは、主に国際開発分野の人材育成を行う機関で、ジュニア・プログラム・オフィサーとは30歳未満の開発関連の修士号を持つ若い人を対象に、FASIDのオフィスで経験を積む機会を与えるというものである。任期は6カ月以上1年未満と柔軟で、お給料も20万円以上と魅力的であった。また応募書類に漫画を描く欄があり、ウケを狙った漫画を描いてみたが、書類審査で落ちてしまった。

将来的にJPO、JICAのジュニア専門員、UNVのいずれの道に進むにしても協力隊の経験はプラスになる。国際機関への登竜門はJPOといわれるが、国際協力への登竜門は協力隊であろう。

さて協力隊に応募するまでの道のりも結構長かった。まず、青年海外協力隊というのは、理系技術者の集まりで、私のような専門技術のない文系人間に合う職種など存在しないと思っていた。したがって大学院の修士課程時代に就職活動している時も、教育サービスの会社で転職を考えている時も、開発分野への就職は考えても協力隊という選択肢は考えなかった。そのためNGOでグアテマラに行き、スペイン語を学び、途上国での経験を積んだのだ。だが協力隊にも、村落開発普及員（現コミュニティー開発）、プログラム・オフィサー、青少年活動など文系にも当てはまる職種があり、事実、グアテマラで出会った村落開発普及員やプログラム・オフィサーの方は文系の方であった。村落開発普及員の方は当時32歳で、最初はグアテマラシティのショッピングモールでお会いした。元々は新聞社に勤めていた方で、グアテマラでは環境に関する活動をしていた。一方、プログラム・オフィサーの方は当時30歳で、上記の村落開発普及員の方に紹介していただいた。実際にその方の任地まで行き、ステイ先から職場まで見学させていただいた。その方は「シャワーから温かいお湯が出ない」と残念がっていたが、水の出ない任地にいた私にとって常に水が出る環境というのはうらやましい話であった。また活動の内容も学校訪問など、教育に関するものもあり、私がグアテマラのＮＧＯでやっていた仕事と似ている部分も多かった。「これはいけるかも」。そう思ったのがグアテマラでの任期約３カ月を残した５月の初旬だった。その年の春募集の締め切りが５月20日までだったので、無理をすれば日本に一時帰国して受験することもできたのだが、グアテマラでの仕事や渡航費のことを考え、万全の準備をしてから秋募集で受験した方がいいと判断した。また、それまでに５年間日本を離れており、協力隊に受かればまた２年、その後海外の博士課程に進学する場合はさらに４、５年程を海外で過ごす可能性を考えると、協力隊受験中は、なるべく親元にいようと思ったのである。

日本に帰った私は東京の吉祥寺に住むミッチーの家にお世話になりながら毎週火曜日に行われるユニセフの国際協力講座（全15回、毎週火曜日に講義があり、国際協力にかかわっているプロフェッショナルが講師となる。13回以上出席し、最終レポートを提出すると修了証明書が授与される）に通い、併行してスペイン語検定やＴＯＥＦＬの勉強に励むことになった。ミッチーとは、コロンビア大学大学院で知り合ったノルウェー人とアメリカ人を両親に持つ男の子で、当時は日本の文部科学省から奨学金を受け、早稲田大学の研究生として日中関係史を勉強していた。ミッチーはとても親切な人で「2、3週間なら泊まっていいよ」と言ってくれた。ニューヨークにいる時も、酔っぱらった時はたまに彼のアパートに泊めてもらっていた。最初はユニセフの国際協力講座の時だけ遠慮がちに泊まって、後は三重の実家に帰っていたのだが、そのうち甘えが出てきて、何日間も連続して泊まるようになり、最後は住みついている状態になってしまった。

さて迷惑をかけまくってしまってミッチーには申し訳ないことをしたと思っているが、私にとってはものすごい力を貸してくれた最高の友人であった。ユニセフの国際協力講座の後は毎回、「今日はどうだった?」と尋ねてくれ、私の意見を聞いてくれた。また私の協力隊の受験に関しても「絶対受かる!」というような言い方よりもっと確信に満ちたトーンで「大丈夫じゃない?」といってくれた。私は、自信がなかったわけではないが、一次試験の時に提出を義務付けられている健康診断で、尿酸値の値が高かったこともあり、また協力隊以外の選択肢は事実上ほとんどない状態だったので、心配で仕方なかった。尿酸値に関しては、母親の食事療法をはじめ、父親には大学病院の先生まで紹介してもらうなど、両親にも大変世話になった。

協力隊一次試験

協力隊秋募集の一次試験は２００3年、12月7日（日）に行われた。私の受験した職種は村落開発普及員で、10月の時点では26人の募集枠に６２２人が応募したとあった。しかし一次試験の実際の受験者は４０４人であった。技術と語学の筆記試験と適性試験で、技術試験のテーマは、「村落開発普及員として必要だと思う資質」、「途上国の人に教育の重要性を理解させる方法」、「途上国の村落における女性の役割」などであった。昔、村落開発普及員としてニカラグアに派遣された知り合いに「一次試験はとにかく書きなぐれ」といわれたことがあり、時間の限り書きなぐった。最初の村落開発普及員としての資質については「自分の行っていることに自信を持つと同時に常に疑いを持つこと」、教育の重要性に関しては「途上国の人にとって身の回りの病気の問題などと教育の関連性を話し、教育がいかに生活水準の向上に役立つかを話すこと」、女性の役割については、「女性、特に母親の教育や教育観が子供の教育などに関して男性のそれよりもさらに重要であること」を、どれも経験と理論を混ぜてもっともらしく書いた。語学の問題は、５題中、４つまでが英語の問題で、残りの1つは人工語の問題であった。人工語の問題は出題されていた言語がスペイン語をもじったようなものだったので、比較的簡単にできた。適性試験は適当にやった。いくつも似たような設問があるので、なるべく矛盾しないように埋めた。

モザンビーク旅行

一次試験の合否発表は2004年1月9日と、1次試験から1カ月以上の期間があった。日本で結果をじっと待っていることはできないと思ったので、私は約1カ月弱の間、モザンビークに行くことにした。開発の分野にいるのなら少しはアフリカを知っておきたいと思ったのだ。アフリカのなかでもモザンビークを選んだのにはいくつかの理由がある。1つは、アメリカのNGOで共に研修を受けた何人かの友人がモザンビークのNGOで働いていたからである。もう1つは、以前少し勉強したことのあるポルトガル語が通じると思ったからだ（モザンビークはポルトガルの元植民地であり、ポルトガル語は公用語である。ただし、ブラジルのように国民のほとんどが話せるという訳ではないようだ）。

モザンビークで一番苦労したのはおそらく空港から外に出ることであろう。日本でモザンビークに入国するための観光ビザも取って行ったのだが、入国審査のカウンターで「ちょっと脇で待っていろ」といわれる。確かに仕事でもなくモザンビークに観光に来るアジア人はあまりいないのであろう。入管のおじさんから「何をしにきたんだ」と尋ねられたので「観光・・・と友人を訪ねに」というと、いぶかしげに見られた。しかも最初にポルトガル語で話そうとしたのが余計だった。わざわざ相手に言語という一番大事なアドバンテージを与えてしまったからだ。その後英語に切り替え、こちらが怒ったような対応をすると何とか通してくれた。そして次の問題が荷物検査である。サンパウロの荷物検査も大変だったが、こちらもひけを取らない。荷物検査のおじさんが「これは何だ」と私が日本から持ってきたカレー粉にケチを付けてくる。「日本の食べ物だが」というと、「ジャパニーズフード？　ノーグッド！」といわれ50ドルよこせといってくる。ここはひらすら「ノー」を繰り返す。

ちなみに日本大使館で働いていた知人に聞いたところ、アフリカのいくつかの日本大使館では、日本からの要人がこのように空港で取られたお金を取り返す仕事が存在するといっていた。それくらいアフリカの空港では不条理にお金を取られてしまうことが多いということなのだろう。フィリピンなどアジアでも、空港でお金を要求されることがある。荷物を持ってもらったなど理由がある場合は別だが、入口でパスポートのチェックをする人まで「チップをよこさないか」といってくる。怒らせない程度に無視するのが得策であろう。

何とか荷物検査のおじさんをかわして出口に向かおうとすると警備員のおじさんが戻れという。「え、なんで」と思いつつ来た道を戻って行くと、そこに立っていた違う警備員のおじさんが「なんで戻ってくるんだ。出口はあっちだぞ」というので再び出口に向かうとさっきの警備員のおじさんにまた戻れといわれる。結局、「出口はあっちだぞ」といってくれた警備員のおじさんに出口までついてきてもらい、何とか外に出ることができた。モザンビーク人の名誉のために断っておくが、彼らのほとんどは純粋な人たちである。グアテマラでは、海外からの旅行者がそれなりにいたので、現地の土産物屋さんやタクシーの運転手などは暗に海外旅行者用の代金を設定していた。タイやフィリピンなどのアジアでもそういった海外旅行者向け代金が存在する場所もある。しかしモザンビークはそういった海外からの旅行者が少なかったため、そういった海外旅行者向け代金という発想自体が存在していないようだった。

さて空港から友人に電話して迎えにきてもらわなければいけない。公衆電話のようなものはないので空港の「電話屋」（日本の公衆電話と違い、電話のブースで受付の人に使った分だけお金を支払う）から電話する。1分も話していないのに4ドルも取られた。その後、友人とそのNGOの上司が車で迎えにきてくれた。

モザンビークに行った感想は、「確かに貧しいけど、雰囲気としてはどこもそんなに変わらないなあ」というものである。家も土と缶を塗り固めてできているが、グアテマラだって似たような感じであった。水がないところもグアテマラと同じだ。水道は首都や地方都市にも、あるところにはあるが、ないところはまったくない。モザンビークで滞在した家の場合は業者に頼んで水を買い、その水を家の敷地の地下に溜めていた。そのまま飲むとゴムのような味がした。その水でさえも盗まれるくらい、貴重なのだ。ナマタンダという首都のマプトから千キロ以上離れた地域で活動していた日本人の友達にカレー粉を持っていったのだが、米をまったく洗わずにご飯を炊き、お皿も漂白剤につけた後、水で洗わずにそのまま、食べ物をよそっていた。米を洗う「余分な」水はなく、漂白剤はコレラ菌を予防する必須アイテムなのだそうだ。漂白剤は体に悪そうだといったら、「コレラになるよりはマシだし、慣れれば大丈夫」といっていた。

ではアフリカと他の地域の違いは何か。1つはマラリアである。アジアにもラテンアメリカにもマラリアは存在するが、かかる頻度および重度が違う。アフリカのマラリアは、簡単にかかり、簡単に死ぬ。実際私がナマタンダでカレーを作る際、ジャガイモを提供してくれたアメリカ人の方はマラリアにかかり、まだ若く、また可愛い赤ん坊がいたにもかかわらず今は天国にいるらしい。もう1つの違いはHIV・AIDSである。これもアジアにもラテンアメリカにも存在するだろう、と反論されるかもしれないが、「国民の10~20パーセントがHIV感染者」という話は、他の地域では聞かないが、アフリカ南部ではざらにある。人口の4割近くがエイズだったボツワナの平均寿命が30代後半だったのは、そんなに昔の話ではない。

さてモザンビークを旅行している時もさまざまな人に助けられた。まず、首都のマプトから1140キロ離れた場所にあるシモイワという街に行った時だ。モザンビークもかなり広いので朝の早い時間帯にマプトのバス停を出発したのだが、到着は夜中の3時くらいになってしまった。走行時間は実に丸1日である。そこからホテルを探すのだが当然、何もわからないので、通りに居たホームレスの人に「ここら辺にホテルはありませんか」と聞いてみると「そこの角に1つあるよ」と教えてくれた。また、首都に戻るバスに乗った時でも、私は間違って1つ前の街で降車してしまい、道に迷ってしまった。通りで洗車していた若者に「道に迷ってしまった。あるレストランまで行けばその先はわかるんだけど、そのレストランがどこにあるか知りませんか」、とレストランの名前を告げると、知っているから教えてくれるという。その彼はバス停まで案内してくれただけでなく、なんと一緒にバスに乗ってくるではないか。しかも目的地のレストランに着くと、「これがそのレストランだ」といって、そのまま帰ろうとするではないか。それではあまりに申し訳ないので無理矢理食事につきあわせた。このようにモザンビークの人は空港など一部の人を除き、純粋で親切な人たちという印象がある。

グアテマラ多言語教科書プロジェクト

協力隊の2次試験まで後数日という1月下旬、アメリカのNGOで訓練場所が一緒だったはるちゃんからメールが届く。「グアテマラで多言語教科書を作るJICAのプロジェクトがあるから参加しないか」というものだった。はるちゃんは、アメリカにあるNGOからブラジルに派遣された後、日本に帰って二十代半ばで起業した。その後、彼女の会社は私が日本に帰る度に大きくなっていた。ともかくグアテマラで多言語教科書を作るというプロジェクトの内容が面白そうだったので、参加を快諾した。プロジェクトのメンバーも蒼々たる面子で、リーダーである博報堂の池田さんをはじめ、出版会社社長の関根さん、某有名NGOの田中さん、聖心女子大学の学生さんなど、普段の生活のなかではなかなか会うことのできない人たちばかりであった。グアテマラには20を超えるマヤ言語が存在し、マヤ民族の子どもの多くは、スペイン語とのバイリンガル、もしくはスペイン語のみのモノリンガルになる。グアテマラにいる時に何度も現地の小中学校や高等学校へ行き、実際に授業も何度か受けたが、政府から配給される教科書というものがなく、生徒は先生が黒板に書いた内容をノートに写していた。生徒1人1人に教科書があればどんなにいいだろう、と思っていた。

「このプロジェクトが成功すれば、子どもが自由に自分の教科書に書き込みができる」とリーダーの池田さんも嬉しそうだった。いきなりすべての学齢期の子どもにすべての科目の教科書を渡すのは不可能ということで、まずは小学6年生の社会科の教科書を16のマヤ語で作成し配布する、ということであった。グアテマラには全部で20を超えるマヤ語が存在するらしいので十分ではないが大きな進歩といえる。プロジェクトの資金は池田さんの話だとほとんど日本政府がＪＩＣＡを通じて支払い、グアテマラ政府の出費はプロジェクト全体の

1％未満ということであった。プロジェクトのメンバーも全員がグアテマラに行く訳ではなく、スペイン語のできるメンバーが出版の知識について学ぶか、その逆で出版の知識があるメンバーがスペイン語を学んでいくかのどちらかということであった。他のメンバーはそのサポートに回る。また我々のプロジェクトチームの他にも競合相手がいるらしく、プロポーザルを提出し、それをJICAが吟味してどちらかのチームかを選ぶということであった。しかしその選考が大詰めを迎える前に、グアテマラで選挙があり、このプロジェクトを支持しない政党が勝利したため、プロジェクト自体が流れてしまった。しかしこのプロジェクトのおかげでさまざまな人々とかかわりを持つことができた。特に聖心女子大学ではスペイン語の講座を持たせてもらったり、フェアトレードの活動にかかわらせてもらったり、と有意義な経験ができた。

協力隊二次試験

さて、2004年1月9日、モザンビークから帰ってくると同時に成田空港から実家の母に電話をかける。協力隊一次試験は合格ということで、次は1月下旬にある面接試験である。二次試験の様子であるが、覚えている範囲で書くと、こんな感じである。

面接官の構成としては、次の4人である。

1．若い司会者風の男性
2．権力がありそうな50代の男性
3．若い女性の方
4．若い女性の方

面接官1「ホンジュラスを希望する理由は何ですか」
私「ホンジュラスの案件を拝見したのですが、基礎教育の環境を整えることで地域開発を進めて行くというものでしたので、自分の興味、専門、今までやってきたことに合致すると思って選びました」
面接官2「スペイン語は結構話せるんですか」
私「仕事ができる程度には話せます」
面接官2「グアテマラではどんなことを？」
私「学校の経営や教員の訓練ということで行ったのですが、あるべきはずの学校がなく、主にファンドレイジングをしていました」
面接官2「実際に学校経営をしていたわけではないんですね？」
私「はい。立ち上げにかかわっていたということです」

面接官2「それに1年以上もかかったの？」
私「実はアメリカでファンドレイジングをしていまして、それに4カ月くらいかかりました。通りに立ったり、家まわりをして自分たちのしていることを説明してお金をもらうのです。1人当たり6000ドルほど（実際は5500ドル）稼がなければなりませんでした」
面接官1「それはそのNGOの方針なんですか」
私「はい」
面接官2「NGOで働く前は何をしていたの？」
私「アメリカの大学院に行った後、英語の教師をしていました」
面接官2「教師をしていたの？」
私「はい」
面接官3「東京で？」
私「いいえ、アメリカで」
面接官3「日本人に英語を教えていたんですか」
私「はい。帰国子女の方、というか駐在員のお子さんたちです。日本のいくつかの大学や高校には帰国子女枠というのがあって、そのために受けなければいけないSATやTOEFLを教えていました」

面接官2「一次試験の答案に開発における人類学的見地とWID（Women In Development）のことが書かれてるんですが、WIDについて伊藤さんはどうお考えですか」

私「複雑な話ですが」（笑）

（面接官も皆笑う）

私「WIDも経済開発の面で見るのと人類学的な面から見るのとでは違うと思うのです。たとえば、開発だといってテクノロジーを導入しても、最初に仕事を失うのは女性です。それがいいといっている訳ではなくて現実なのです」

面接官3「そういった初歩的な産業に女性がかかわっていると？」

私「はい。たとえば地球上の食物の約50％は女性によって作られているそうです。それまで手でやってきたことがテクノロジーに代わることで問題が生じることもあります。それに私が賛成するとか反対するとかではなくて、現実なのです。女性の人権向上も国際開発の1つですが、（同じ国際開発の1つである）テクノロジーの発展によって職場を失うということもあるので、そういった部分も配慮していないといけないと思います」

面接官2「そのテクノロジーの前の段階はどうですか？　たとえばアメリカの団体が行って

るような、民芸品を作ったりして、女性の所得の向上を図るという点では？」

（しばし沈黙）

私「テクノロジーの前の段階ですか。そうなると少し話が…」

面接官2「話が変わってきますか？」

私「そうなると話が簡単になると思うんです」

面接官2「簡単？」

私「簡単というのは変かもしれませんが、一般的になると思うんです」

面接官「そうですか」

（話が発展していくかとも思ったが、このテーマはここで終わる）

面接官3「グアテマラで働いている時に大変だったことはなんですか」

私「学校を建設するために行ったファンドレイジングです。アメリカでやっている時も大変だったのですが、アメリカでは話を理解してくれて結構お金がもらえるんです。1日に400ドル以上もらえたりします。しかし、途上国の小学校や中学校で物乞いをするのは人間としての尊厳が失われるようでさみしかったです」

（面接官も皆笑う）

面接官1「グアテマラの教育省と働いていたとありますが、よく出入りしていたのですか」
私「はい。うちの組織はあまりお金がなかったので建設した学校の先生のお給料も教育省に払ってもらうように交渉し、最終的に先生のお給料も送ってもらえるようになりました。現地の人の話だと今年の1月から学校はスタートしているそうです」
面接官1「お金を集めるのに、なぜ他の方法ではなくてファンドレイジングを選んだのですか」
私「他にもいろいろやりました。野菜を栽培したり、鶏を育てたり。鶏は収益の方はプラス・マイナス・ゼロでしたが。外部からのファンドレイジング（カリフォルニアのNGOから1000ドル送金してもらった）が学校を建設する上で大きな役割を果たしたと思います。内部からのお金（現地の学校や教会などからの寄付）は少しでした。しかし、1ケツァルでも2ケツァルでも、お金の量ではなく、地域住民の意識が、こんなことをしてる人もいるんだ、という意識の問題が大事だったんじゃないかと思います」
面接官1／2／3／4「それでは終わります」
私「ありがとうございました」

この面接には個人的には満足していたのだが、合格するかどうかはわからなかった。ホンジュラスを志望した理由は面接のなかで説明したように自分がそれまでやってきたことと整合性があったから、という部分や、活動したことのあるグアテマラの近隣諸国で実際通ったこともある国なので活動に対してイメージが持ちやすかった、ということが挙げられる。また面接官も何を尋ねようか迷っていた部分もあると思う。どこに派遣されてもいいと思っていても、1つ国を挙げておくことで質問のネタをこちら側から振ることができるとも考えた。「テクノロジーの前の段階の開発」の話は、調査書（履歴書）にも書き込んだのだが、私の専攻は国際教育開発であり、面接官も国際開発には精通しているはずなわけで一般論は向こうもこちらも知っているものとして話をしていたつもりだった。しかし、協力隊一般がそうであるといえるが、村落開発普及員はマクロというよりはミクロの開発に取り組むものであって、面接官はそれにどう取り組むのかという質問を投げかけていたのに対し、私はマクロの方に話を持って行ってしまった。

後で面接を振り返ってみると、話した内容はともかく、私が社会人としての応対ができていたのかどうかも疑問であった。私の悪い癖なのだが後半は少し熱を含んで話していたようなところがあった。「こいつは生意気な上にクニャクニャ話すから不合格」といわれていたら、当たっているだけに何もいえなかったであろう。

協力隊訓練まで

２００４年2月20日の午後、実家に電話し、協力隊合格の知らせを聞いた。次の日、協力隊事務局から郵便物が届き、平成16年度2次隊としてパラグアイに派遣されることを知った。パラグアイは協力隊受験の段階から気になっていた国ではあったが、教育文化省からの要請にもかかわらず、案件に教育的要素が少なかったので、面接の時点ではホンジュラスを第一希望にしていたのだ。中型自動二輪の免許取得がパラグアイ派遣への条件で、研修は補完研修が8月の下旬、本番研修は9月2日からという事であった。自動二輪の免許を取らなければいけないとはいえ、研修が始まるまで6カ月以上もある。3月は自動二輪の免許を取るために自動車学校へ通いつつ、協力隊を終えた後に大学院の博士課程に進む考えであったので、ＧＲＥの勉強をしていた。

またアメリカの大学で私の専門に近い研究をしている教授に自分を売り込むメールを送るという作業を行っていた。以前は博士課程進学に関して「ヘタな鉄砲も数を撃てば当たる」と考えていたが、ミッチーが「博士課程に合格するためには、個人的にその大学の教授を知っていた方が圧倒的に有利」と身をもって教えてくれたからだ。彼は私が協力隊に合格した年に、アメリカの5つの大学（ハーバード、ＵＣバークレー、コロンビア、プリンストン、ＵＣサンディエゴ）の博士課程に申請し、ハーバード、ＵＣバークレー、コロンビアの3つの大学から合格通知をもらった。彼は合格した3つの大学の教授を知っていたが、不合格だった大学に直接の知り合いはいなかった。それを間近で見たので、教授との個人的なつながりの重要性を感じていたのだ。しかし、私の売り込みメールに返事をくれたのはハーバード大学教育大学院のフェルナンド・レイマーズ教授1人だけであった。「ハーバードかあ。コロンビア時代の自分の成績を考えると敷居が高いな」と躊躇してしまった。GREの方は3月の終わりに受けた試験のスコアが、それなりに満足のいくものだったので、私はGREの勉強を止めることにした。4月には自動二輪の免許も取得することができた。その後は毎晩やっていることと言えば野球中継を見ることくらいで、完全にだらけきっていた。

そんな折、以前UCLAのカルロス・トーレス教授へ書いたメールの返事が返ってきた。「博士課程のプログラムを探しているのか。時間がある時にいつでもロスへ来てくれ。まあ君の場合は2007年入学希望って書いてあるから、まだ3年も先のことだし、時間はたっぷりあるけどね」といった内容のものだった。私は前述の通り、UCLAについて詳しくは知らなかったが良いイメージを抱いていた。事実、US Newsという有名な時事解説誌の教育大学院ランキングにおいてUCLAはハーバードに次いで全米2位であった。しかしアメリカの大学院において国際教育開発といえば、ハーバード大学、スタンフォード大学、そしてコロンビア大学がトップ3で、UCLAはこの分野においてそれほど目立った存在ではなかった。そんななか、トーレス教授の『*Democracy, Education, and Multiculturalism*』という教育社会学や教育政治学の観点から国際教育開発をとらえた著書を読んで感銘を受け、トーレス教授にメールしたのだった。返事は期待していなかったが、もらったチャンス、善は急げ、だ。私は慌てて航空チケットを手配し、5月の中旬にロサンゼルスへ旅立つことにした。

私は以前の留学時、カリフォルニア州に住んでいたのだが、ロサンゼルスに関しては空港ぐらいしか知らず、街のことに関してはまったく無知であった。幸い、以前働いていた教育サービス会社の後輩が、その時ロサンゼルスで働いていた。空港まで迎えにきてもらった上、家にも泊めてもらい、挙げ句は仕事の合間を縫ってＵＣＬＡまで2日間送り迎えをしてもらった。ＵＣＬＡのキャンパスは広い。あまりの大きさのため、キャンパス内ではシャトルバスが走っている。まさにアメリカの大学、というイメージにぴったりである。それまで私は、成城大学やコロンビア大学など、敷地面積としては比較的小規模の大学に通っていたため、一度大きなキャンパスの大学に通ってみたいと思っていた。

トーレス教授は当時、ＵＣＬＡのラテンアメリカ研究所の所長をしており、私はそこでトーレス教授と会う約束になっていた。トーレス教授はアルゼンチン出身の方で、非常に雰囲気の明るい方だった。「まずは君の話したいことを話してくれ。その後に私の率直な感想を述べよう」といった感じで、コロンビア大学時代にはありえない教授と学生の近い距離感に私はトーレス教授のもとで学びたいと思うようになっていた。しかし私の話が終わった後でトーレス教授は、「君の興味はどちらかというと言語政策にあるようだね。私は言語政策のことについてはあまり知らないから君の担当教授としてはふさわしくないと思うよ」、といわれた。私は脈なしかとあきらめかけたが、トーレス教授は「これはコンセプシオンの分野だな」というと、彼の秘書に、「コンセプシオンに連絡してくれ」と叫んだ。コンセプシオンとは後で知ったのだがコンセプシオン・バラデス教授のことで、言語政策を専門にしているUCLAの教授であった。トーレス教授は「まあ、とりあえずコンセプションと話をしてみてくれ。コンセプシオンは、今日は忙しいみたいだけど明日の夜なら時間があるようだから。君は明日もUCLAに来れるのか？　それなら明日の昼飯は私と一緒に食べよう」といってその日は別れた。日本で今回の旅行日程を考える際にロスは他に行く大学もないし2泊3日で十分だろうと思いつつ、念のため3泊4日にしておいて良かった。もし2泊3日のままであればコンセプシオン教授に会うこともなく、UCLAで博士号を取得することもなく、私の人生は大きく変わっていたかもしれない。

次の日は、前日に交わした約束通り、UCLAの教員食堂でトーレス教授とお昼ご飯を食べた。コロンビア大学時代には、教授とご飯を食べるなんて想像もできなかった。トーレス教授は、私がなぜ、元々の母校であるコロンビア大学ではなくUCLAの博士課程に興味を持っているのか尋ねてきた。私はその時点ではコロンビア大学も候補に入れていたが、「コロンビアは、教授1人当たりの受け持つ学生の数が多すぎます。その点、UCLAは多くても数名と聞いています」と答えた。トーレス教授は「確かにコロンビアは受け入れる学生の数自体が多いからな」と同意してくれたようであった。その上で「他の大学でコンタクトを取っている教授はいるのか」と尋ねてきた。嘘をつくのも嫌なので私は「ハーバード大学教育大学院のフェルナンド・レイマーズ教授とはメールでやり取りしましたが」と答えると、トーレス教授は明らかにムッとした表情を見せた。当時、UCLAは前述の教育大学院ランキングでハーバードと首位を争っていた、ということもあり、ライバル意識もあったようだ。また教育社会学者として州立大学（UCLA）は私立大学（ハーバード）に勝てないのか、という葛藤もあったのかもしれない。その数年前には、同じカリフォルニア大学のバークレー校が、やはりUS Newsの教育大学院ランキングでコロンビアと並んでトップだったので何ともいえないが、ともかく「ハーバードはダメだ」といわれた。かといってUCLAに来いという話でもなかったので、私はトーレス教授が専門とする教育社会学や教育政治学と自身の専門としていた言語政策がいかに結びついているかを説明し、いかに彼のもとで勉強したいかを強引にアピールした。しかし彼は、「まあ今夜コンセプシオンと話してみて、それから決めればいいよ。そうだ。私が前に書いた本を日本語に訳してみないか。君は英語も上手だから日本語も上手だろう?」とあまり真剣にとらえてもらっていない印象を受けた。しかし最後に「今夜コンセプシオンと会う前に、私の教え子の1人である智美に会うといい。色々話が聞けると思うよ」といってくれ、その後すぐにその智美さんに会いに行った。

智美さんは岐阜の公立高校で英語と特別支援の教員をした後、UCLAで修士課程を終え、私がUCLAを訪問した当時は博士課程に在籍していた。教育とジェンダーに関する研究をしており、彼女の博士論文は本にもなっている。明朗快活な方で大体何をいっても「えー、すごい」と驚かれた。今思えば智美さんは、コミュニケーション能力、特に聴く力に長けていたのだ。5時間くらいは話をしただろうか。UCLAの教員は、国際機関に対して批判的な人も多く、智美さんも当時こそ国際開発のことについてあまり興味がないようであったが、その後は世界銀行で教育スペシャリストとなり、現在も大活躍されている。

その夜、トーレス教授から紹介されたコンセプシオン・バラデス教授に会った。メキシコ人の両親を持つバイリンガルの先生で、私がNGOで活動していたグアテマラ、そして協力隊で行くことになるパラグアイの言語政策やバイリンガル教育に精通しているということであった。そのせいか話が合い、夕食にワインを飲みながら4時間以上も話をした。帰り際にバラデス教授が「ヒロシはUCLAのような場所で博士課程をやるべき」といってくれ、私もバラデス教授のもとで学びたいと思うようになっていた。

その後もせっかくアメリカに来たのだから、と母校であるコロンビア大学ティーチャーズ・カレッジにも行ってみた。自分の担当教授は既に引退していたので言語政策を専門とする他の先生と話をしたが、どうもいまいちの反応であった。当初は他に、教育学で有名なペンシルバニア大学やハーバード大学などにも訪問する予定であったが、何しろ心はUCLAに行っており、UCLAの博士課程に進学できる保証はどこにもないにもかかわらず、結局「他はまあ、いいか」と行かなかった。ただし帰りはUCバークレーを見る予定であり、サンフランシスコに3日ほど滞在することになっていた。今さらフライトの変更をするのは面倒なので予定通りニューヨークからサンフランシスコに飛ぶことにした。

ニューヨークのJFK空港までは、以前働いていた教育サービス会社の後輩に送ってもらったのだが、車のなかでこんな会話があった。

後輩「(青年海外協力隊で) パラグアイには、いつ行くの?」
私「今年の12月からだよ」
後輩「それまではどうしているの?」
私「8月の終わりから3カ月くらい研修があるんだ」

後輩「研修って何をするの？」

私「走って体を鍛えたり、語学を勉強したりするらしい」

後輩「語学のできない人でも採用するんだね。何を基準に採用してるんだろう？」

私「そうだね。僕も取り立てて資格があるわけではないし」

後輩「・・・青年海外協力隊って運営のお金はどうしているの？」

私「税金だよ」

後輩「え、まさかとは思っていたけれど・・・もしそうなら、もっと採用基準を厳しくして能力のある人を採用しないと」

私「そうだね。青年海外経験隊とか、体験隊とかそうなっている部分もあるみたいだ」

後輩「私は日本で税金払っている訳じゃないからいいけど・・・戦争に使われるよりはいいし」

この「せっかく税金を使っているのだから有能な人材を雇わないと」という後輩のコメントは一理あると思われる。他の人からも「2年間、税金を無駄遣いして海外へ遊びに行くだけ」、「そんなに技術力も語学力もないのだから、どうせたいしたことはできない」といわれたこともあるし、そのようなコメントに対し私も否定できない部分がある。と同時に「協力隊の採用基準を上げる」というポイントについては、イエスであり、ノーである。確かに

「ボランティア」とはいえ、優秀な人材を採用するに越したことはない。

しかし、青年海外協力隊とはそういうものなのだろうか。有能で経験豊富な人材しか採用しなければ若い人材は育たない。有能で経験豊富な人材は、協力隊ではなく専門家や他のポストを探せば良い。実際、協力隊を経験してから専門家やJICAの職員になった人も多い。

私自身が協力隊を経験したからそう思うのであろうが、持論をいえば、協力隊のような若い人材を育てる機会がもっとあればいいと思う。異文化交流という側面からはすべての人に、また国際開発という側面からは、JICAや国連組織などの援助機関で働きたいという人にも是非参加してもらいたいと思う。なぜならJICAや国連などの職員になるとオフィスでの仕事が中心になることが多く、残念ながら協力隊のように現場を肌で感じることはあまりないように思われるからである。

もちろん組織にもケースにもよると思うので一概にはいえないが、たとえばグアテマラやパラグアイの村で現地の人と一緒に2年、3年と生活をともにし、そこにある「生の問題」に取り組んでいく機会が人生にどれほどあるだろうか。もちろん、たかが2、3年で何がわかるのかという意見もあろう。だがそういった経験さえない人が援助機関で開発プロジェクトにかかわることはどれだけ滑稽なことになりうるだろうか。もちろん、経験がすべてだとは思わない。ある組織に長年勤務しているといってもその人が1年の経験しかない人より有能である保証はどこにもない。また理論も、今までの過ちを繰り返さないためにも非常に大事だと思っている。だが、ある程度の経験を伴わない理論は文字通り机上の空論となってしまう。

さてサンフランシスコの空港で降りるとＢＡＲＴ（Bay Area Rapid Transit）という電車に乗ってダウンタウンへ行く。そこでブラジルのサルバドールの語学学校で知り合ったアメリカ人の友人と一緒に夕食をとった。あわよくば泊めてもらおうと思ったのだが、残念ながら泊めてもらうのは難しいということだった。以前、留学中に泊まったことのあるＹＭＣＡ（キリスト教青年会による主に若者を対象とした宿泊施設）にも行ってみたが、ここも部屋がいっぱいで予約がないと泊まれない状況であった。その後もホテルを探すが見つからない。

そんな折、あるスーパーマーケットの前で今まさに自転車に乗ろうとするアジア人がいた。「すみません、この辺にホテルはないでしょうか」と尋ねると、「ホテルは分からないけど、僕の家なら部屋が空いているよ。良かったら家に来れば？」という返事であった。かなり怪しい感じはしたが他に選択肢はないので自転車を押す彼についていく。彼はこのあたりではかなり顔が広いらしく色々な人が彼に声をかけて行く。さて着いた家は想像以上に大きく、しかも家自体が３つもある。というのも家の管理が彼の仕事で「まあ、ゆっくりしていって」と家を１つあてがわれた。彼は当時30歳でカリフォルニア大学リバーサイド校を卒業した後、この仕事に就いたらしい。毎晩、彼の仕事が終わると夜は屋上でビールを飲みながら色々な話をした。

個人的な主観ではあるがバークレーは本当にいい街だと思う。グアテマラから日本に帰ってくる途中、当時バークレーに住んでいた日本人の友人を訪ねた時にも見知らぬバークレー人に助けられた覚えがある。友人の家は、最寄りの駅から徒歩1時間という場所にあった。バスに乗っていくという手もあったが、知らない場所でバスに乗ると大抵行きたい方向と逆の方向に行ってしまうという今までの経験から、間違えないように歩いていくことにした。

普段なら歩いてもそれほど問題なかったのであろうが、何分、アメリカに3年半も住んだ後、グアテマラにも半年住んでいたので、それなりの大荷物があった。大きなリュックを背負い、スーツケースを引っ張りながら歩くのはしんどかった。30分くらい歩いて「もうだめー。暑いー。疲れたー」と泣きそうになっていると、道の脇に車が止まり、なかからアメリカ人のお姉さんが「乗っていきなさい」というのでお言葉に甘えて乗せてもらった。「ありがとうございます。知らない人の車に乗せてもらうなんて日本ではありえないです」というと「普通、アメリカでもありえないわよ。貴方が汗だくであまりにも大変そうだったから」。アメリカ人曰く、バークレーはヒッピーの街、というイメージがあるそうだ。ヒッピーというと、社会から外れた人というイメージがあるが、バークレーの人々がヒッピーであるがゆえ見知らぬ私に親切にしてくれるのであれば、ヒッピー万歳である。

ところで現在の勤務校では国際ボランティア・プログラムというのがある。書類審査や面接試験に合格すると旅費や滞在費など、国際ボランティアにかかる費用を一部、大学が負担してくれるというシステムである。その面接の質問事項に、「ボランティアの赴任先で見知らぬ親切な人に泊まっていけといわれたらどうしますか」といった内容のものがある。当然、常識で考えれば「知らない人の家に泊まるなんて危険だしありえない」と答えるべきなのだろう。大学としても責任があるからむやみに知らない人の家に泊まろうとする学生を海外へ送ることはできない。しかし、私個人の答えはこうだ。「親切そうな人の家には泊まるな。本当に親切な人の家なら泊まってもいいだろう」。

スペイン語学留学

2004年6月、大学院時代の友人から、英語の教科書の翻訳の仕事を持ちかけられ、喜んで引き受けた。約10日間の労働で50万円の報酬をいただいた。私の両親も「もらう額が一桁違うやろ」と驚いていた。定期的に翻訳の仕事があるのなら、これを本職にしてもいいくらいである。翻訳をして稼いだお金を使って7月から約1カ月、スペインのマドリッドに短期語学留学することにした。グアテマラにいて普通にスペイン語を話していたとはいえ、9

月から始まる協力隊の語学訓練で上級クラスに入りたかったたし、そのなかで落ちぶれたくなかったからである。結局、後で述べるように同じ訓練所の協力隊同期のなかでスペイン語を勉強したことのある人はおらず、この懸念は思い過ごしに終わるのだが、スペインでの勉強は非常に役立ち、できれば3カ月ほど、勉強したいくらいであった。

スペイン語を学ぶのにスペインを選んだのは、ラテンアメリカは既に住んだことがあるし、これからも協力隊としてパラグアイに行くことになっていたので、今後行く機会が少なく、その時しか行けないであろうスペインの方がよいと思ったからだ。マドリッドとバルセロナで少し迷ったが、結局首都ということでマドリッドを選んだ。今回の短期語学留学はホームステイではなくアパートを借りて住んでいたので最初は少し孤独を感じた。しかし同じ語学学校に通っていたイギリス人の男の子と仲良くなり、学校が終わると夜はバーに行ったり、闘牛を見に行ったりした。彼とは英語で話した方がもちろん楽であったが、今回は語学留学だったので、なるべくスペイン語を使うようにしていたし、彼もそれを望んでいた。

2004年8月、スペインから帰ってきた私は、平成16年度2次隊協力隊候補生のなかで村落開発普及員として派遣される隊員を対象とした5日間の補完研修を東京で受けた。補完研修では、大学の先生方の監修のもと、村落開発普及員OB・OGの話やユネスコ・アジア文化センターの職員の方が行ってくれたアクティビティーなどを受講した。同期の候補生のなかには、JICA職員の方もおり、休職して協力隊に参加するということで驚いた。「2003年にJICAが独立行政法人になったからできることなんだ」といっていた。現役のJICA職員が休職し、協力隊として途上国で活動できるということは、悪いことではないような気がした。

村落開発普及員の補完研修終了後は実家に帰らず、本番の研修が始まるまでの約5日間、浅草のゲストハウスに泊まりながら英語で開発経済を教えるバイトをしていた。これも大学院の友人で英語塾を経営している遠藤さんから話をいただいた。教える相手は文部科学省の方で9月からアフガニスタンに赴任するそうだ。ODA（Official Development Assistance：政府開発援助）の仕事に携わるということで「5日間、開発経済を英語で教えられる人」を探していたそうである。正直、非常にしんどかった。教える相手が私よりも年も経験も地位もかなり上の人に、3時間も向き合って授業をしなければならなかったので、教える内容や授業の進め方を考えるのに苦労した。授業の後は毎回、学生である文部科学省の方に、先生面をして申し訳ありませんと謝っていた。

JICA広尾訓練所

2004年9月2日、いよいよ今は無き東京のJICA広尾訓練所にて、78日間に及ぶ協力隊訓練が始まった。候補生の数は合計38名であった。赴任国は東ヨーロッパのブルガリア、ルーマニア、ハンガリー、ポーランド、中央アジアのウズベキスタン、キルギスタン、南アメリカのボリビアと私の赴任国であるパラグアイである。パラグアイチームは、私を含め6名であり、職種は村落開発普及員2人、看護師2人、助産師1人、野菜1人という構成であった。

訓練内容は朝6時半からラジオ体操をし、その後2キロから4キロのランニングを行う（本当かどうかはわからないが噂ではこの協力隊候補生の朝のランニングが広尾や六本木の街の概観を損ねるということで広尾訓練所はなくなってしまったそうだ）。全体としては語学の授業が1日5時間程あり、その後は外部講師による国際協力関連の講座がある。朝の8時40分から17時まで時間割が詰まっており、夕食後も19時から21時ごろまで自主講座（隊員が講師となって希望者のために行う講座。夜の貴重な時間に行うため、行かない人も多い）などがあるので、語学の勉強や、お風呂に入ることなどを考えると寝るのはどうしても遅くなってしまう。しかし消灯時間は23時で、それ以降起きているのがわかると問題になる。週末や平日の夜も許可を取れば外出が可能であったが、許可を取るためには理由が必要で、一度外出理由の欄に「アイス（を食べにいくため）」と書いて翌日、訓練所の職員に呼び出されて叱られたこともある。

広尾での訓練前、私は「訓練の内容に不満があっても文句はいわず、楽しい訓練生活を送ろう」と考えていた。それまでの人生経験からも、特にアメリカのＮＧＯでの訓練経験からも、期待する分だけ落胆する部分も大きく、苛立ってもロクなことはないと思ったからである。今までの苦い経験の二の舞は踏むまい。だがそうはいかなかった。最初に不満を持ったのは、訓練生活の中心を占めるといっても過言ではない語学のクラスである。前の隊次の訓練は、ボリビアの村落開発普及員が多くスペイン語のクラスが７つもあり、特に上級クラスの４人はかなりできたと聞いていた。だが、今回はクラスもレベルも３つしかなく、おそらく英語力を参考に振り分けられた上級クラスのなかでもスペイン語ができる人はいなかった。最初は授業が退屈で仕方がなかった。なぜいまさら挨拶の仕方を学ばねばならないのか、とストレスを感じた。発言すれば、先生に「ヒロシはわかっているんだから黙ってて」といわれる。「こんなことをやりに訓練所に来たのではない。貴重な時間の無駄だ」、と思っていた。仕方のないことだがフラストレーションはたまる。

語学以外では、講座を教えに来てくださる講師の方の教え方や態度に対して、失礼ではあるが、ネガティブな意味で考えさせられるものがあった。内容のレベルの低さに対していっているのではない。大方、我々のレベルに合わせてくれていたのであろう。だが、それとは違う、どこかで協力隊のことを、使うべき言葉を誤っているとは思うが、「ナメている」部分のある講師の方が何人かいたように感じた。彼らが普段教えている対象（たとえば学生）に対してもそうなのか、それとも今までの協力隊員のレベルから判断して手を抜いている部分があるのかはわからない。しかし、できればもう少し協力隊員に教える時も真摯な態度で行っていただきたいと思う。もちろん、協力隊員の側にも改めなければいけない点はある。特に授業中、寝ている隊員が多いのを見て、「どうせ聞いてないんなら」と、講師の方がやる気を失っていい加減な授業をしているのであれば、それは隊員側が反省するべき点である。ただ、講師の方々にいいたいのは、お金をもらって講義をしているのだから、対象が誰であれ、プロとしての意識を持って仕事をしてほしいということである。これはボランティアとはいえ、隊員にも当てはまることかもしれない。各人それぞれの目的や理由は何であれ、青年海外協力隊という選択肢があり、試験を合格して隊員になった訳だから、やりたいことをやればいいと思う。それに対してすぐに「公人としての自覚」やら「国民の税金の無駄」やら、しつこくいうのもどうかと思う。だがそれぞれの個人がやりたいことを見失うような、そんな訓練にはしてほしくない。

だが結論からいうと、こんなに充実した78日間は人生で、なかなかなかった。朝から晩まで同期の協力隊候補生の仲間と運動し、ご飯を食べ、勉強し、遊んで、寝る。よく笑い、たまに怒ったり、そして泣いたり、そういう機会が盛りだくさんであった。特に同期の隊員には感嘆させられることが度々あった。語学の勉強で忙しいなか、誰かの誕生日の度に凝った仕掛けを考えて作る。夜も寝ないで徹底的にやる。人を驚かすためだけに、ただウケを狙うためだけに1万円もする大きなかぼちゃを買って苦労して運んで来る。たった1時間程度の自主講座のために、朝までパソコンに向かってテレビ番組顔負けの題材を作る。自分には絶対に真似のできないことである。

協力隊　パラグアイ赴任

２００４年12月6日、16年度2次隊の同期6名とともにニューヨーク、サンパウロを経由してパラグアイの首都アスンシオンに到着した。パラグアイはアルゼンチンとブラジル、ボリビアに挟まれた人口６６０万人ほどの小さな国である。公用語はスペイン語とグアラニ語で国民の8割以上がグアラニ語話者である。通貨の単位もグアラニ（1グアラニ＝0・02円程度）である。空港から2泊ほど滞在することになるホテルへ連れられていくが、ゆっくり休む間もなくＪＩＣＡオフィスに行き、早速着任のオリエンテーションがあった。次の日もほぼ1日中オリエンテーションであった。主にどのように現地に適応するかという内容で、健康管理に関しては「飲料水はミネラルウォーターを飲用するようにし、生水は飲まないように」と口をすっぱくしていわれた（しかし私の任地にミネラルウォーターは存在しなかった）。また日本大使館などにも表敬訪問に行った。次の日は約1カ月間の語学訓練を行うことになるイタグアという街に出発である。時差ボケ（日本とパラグアイの時差は10月から3月まで12時間、それ以外は13時間）をしている暇もない。これでもずいぶんとゆとりを持った日程に変更されたようで、その数年前の隊員は着いたその日にイタグアに連れて行かれ、いきなり一人ぼっちにされたようだ。それではあんまりだというので、このように「改善」されたらしい。

このオリエンテーション期間中に、ちょっとしたハプニングが起こった。同期の仲間とＪＩＣＡ事務所のすぐ近くでピザを食べた。お昼時で混んでおり、頼んだピザが来るまでに時間がかかった。しかも量が多く、次のオリエンテーションまで時間も10分程度しかなかったので食べきれない分はテイクアウトにしようということになった。しかし、「テイクアウトにしてください」、と店員にお願いしてから結局ギリギリの時間になるまで持ち帰り用の容器をくれなかった。そしてチーム全員がオリエンテーションに遅刻してしまった。当然、私たちは怒られた。「パラグアイにいても、ここ（ＪＩＣＡ事務所）は日本なんだ。時間は守ってもらわないと困る」と、ボランティア調整員の方からお叱りを受けた。私は「すみません。ピザのテイクアウトに思った以上に時間がかかってしまって」、とつまらない言い訳をした。次長はクールに受け流してくれたが、これは完全に私のミスである。第5章の「ＮＧＯ」

編でも述べたように、あれだけラテンアメリカのレストランで食べ物が出てくるのが遅いと文句を述べていた私が、パラグアイで日本並みのサービスを期待するのはおかしい。どうせ同期のみんなもいるから、と気が緩んでいたのだ。反省しないといけない。

同日、オリエンテーション終了後に同期と一緒にJICAのバスでイタグアに到着する。ホームステイをしながら、1カ月の現地語学訓練を受けるためだ。私のホームステイ先はおばあちゃんが一人暮らしをしている家で、語学学校から近いのが特典である。ホームステイは16歳の時にアメリカのサンディエゴでして以来、15家族と経験しており、おばあちゃんが1人だけ、という構成もデンバーで一度あった。

協力隊　活動開始

1月12日、住居兼活動地域でもあるヴィルヘン・デル・カルメン村に到着する。ヴィルヘン・デル・カルメン村はサンホアキンという街に属している。サンホアキンは元々17世紀から18世紀頃にイエズス会が布教拠点の1つとした街で、人口は1万6千人である。ヴィルヘン・デル・カルメン村はその一部で、人口は千人程度であった。職場はサンホアキンの教育監督官事務所というところで上司となるのがファウスティーナさんという女性であった。またヴィルヘン・デル・カルメン村の小中学校の校長、キノさんがこの地域の開発のキーパーソンおよびカウンターパートとなるようだ。この地域の日常会話は99％がグアラニ語で行われる。

私はグアラニ語がある程度理解できるようになり、村の様子が把握できるようになるまではプロジェクト活動は一切行わないと決めた。グアテマラの経験からも住民が本当に必要だと感じているプロジェクトでないとうまくいかないという確信めいたものもあった。そのため、赴任から半年間はグアラニ語を学ぶためにキノさんが校長を務める小学校に通った。また、業務日誌をつけて何を行ったか、何を行うべきかを考える材料にした。以下が赴任1年目の最初の8カ月分の日誌の内容である。パラグアイにおいて私がかかわったプロジェクトに至るまでの経緯が書かれている。なるべく推敲して短くしたつもりだが、134ページの「JICAの教育プロジェクト」まで読み飛ばしていただいてもかまわない。

協力隊　業務日誌

2005年1月17日（月）

サンホアキンにある監督官事務所でキノさんとファウスティーナさんと今後の活動について話し合う。会合の焦点は「自分が村落開発普及員としてできることおよびJICAができること」と「彼らが現在考えている問題点」との照合である。確率はともかく可能性を探れそうなものを拾い上げると、次の4点であった。

1．地元の高校生に対する大学進学のための奨学金援助
2．監督官事務所の建築（ファウスティーナさんの自宅をオフィス代わりに使っている）
3．地元の学校の教室増築（250人の生徒に対して4つの教室しかない）
4．水道設備の整理（午前中しか水が流れない）

それに対する私の意見は以下の通りであった。

1．本来、パラグアイ政府がやるべき仕事である気がするが、政府の持つ奨学金は政府関係者の子息でほぼ空席がないという話も聞く。一考の余地はあるだろう
2．これは私の目からすればそれほど大した問題とは思えない。そもそもなぜこのような状況になっているのかを調べる必要がある
3．よくある話である。これは学校が始まるのを待って様子を見たい
4．これはグアテマラで1週間に1回、1時間しか水の流れない町に住んでいた私の感覚からすると少し贅沢な悩みであるように思うが、パラグアイの事情がまだわからず、選択

肢として残した

行うプロジェクトに関しては養鶏、養蜂、共同菜園、料理講習などの要望の声が上がった。これは現地の状況把握と他のボランティアとの連携を見て価値があると見込めれば実行に移したい。

1月18日（火）

この日は19時よりヴィルヘン・デル・カルメン村の「村落開発委員会」のメンバーと会合を行う。委員会自体は約30名で構成されているらしいが出席したのはたった6人だけだった。話の内容は前日の監督官事務所での会合と同じで「自分が村落開発普及員としてできることおよびＪＩＣＡができること」と「彼らが現在考えている問題点」である。どうも大きな問題の１つに、この地域の土地の土壌不良があるようで、肥料などによる土壌改善と生産性の向上を目指したプロジェクトを実施したいらしい。

1月20日（木）

19時より村の「水道管理委員会」の会合が開かれ、ＪＩＣＡの村落開発普及員として紹介される。委員会の名前どおり、会合の議題は水道に関するものであった。村にある地下水を汲み上げるモーターの性能が悪く、長時間モーターを回し続けると熱により損傷してしまう可能性があるため、午後は水の使えない地域がある。またその地域の住人は、水が常に供給されないことを理由に水の使用料を払わず、水道施設の維持管理の経営を圧迫しているという悪循環に陥っているようだ。

1月24日（月）

水道管理委員会で問題となっている水道施設に行き、タンクとモーターを視察する。この水道施設はパラグアイの農林水産省のプロジェクトによって建設されたしい。タンクは約10万リットルを貯水しておけるらしいが、ヴィルヘン・デル・カルメン村にある148世帯のうち、52世帯にしか水は行き届いておらず、この52世帯に関しても午後は水が届かなくなるなどモーターの質の改善とタンクの許容量の増加が望まれている。

1月25日（火）

今日は村落開発委員会の会合が行われた。参加者は10名であった。参加者から平日の夜は皆、仕事で疲れているため会合は週末に行うのがよいのではないか、という案が出た。グアテマラの経験からも、次に会合をする時は週末にしようと思う。会合の中身であるが、電気不足の問題や村の診療所が使えない問題などが議論されたが、焦点となったのはやはり水であった。参加者の1人が「さまざまなプロジェクトを練るのはいいが、実現しないのでは意味がない。目標を水道の問題解決1つにしぼって、それを確実に実現したい」という意見を出した。それはその通りだと思う。

私は「水の問題であるが、井戸で代用できないのか」という質問をした。もちろん代用できないから問題となっているのだろうが、プロジェクトの実施にはそれなりのお金が動くため、こちらも簡単にイエスとは答えられない。その質問に対して村民は「岩が多く井戸が掘りにくい」、「この地域の土地の性質上、井戸を掘っても崩れてしまう」、「地上近くの水はすでに汚染されている」などの理由からそれはできない、と回答した。「どうして水が汚染されているということを知っているのか」と尋ねたところ、(本当かどうかは分からないが)「専門家が来て調査したから知っている」と答えた。

その後、水問題を解決するための地下水くみ上げプロジェクト、もしくは他のプロジェクトを実行する手段および資金源として、「小さなハートプロジェクト」、「隊員支援経費」、「草の根無償」などの話をした。任地に来て間もないのにお金の話をするのはどうかとも思った。しかし必要な資金を得る方法として、私が知っていることを話すのは義務でもある、と考えた。

正直、この地下水くみ上げプロジェクトが今の時点でいくらかかるかわからない。現在使用しているモーターの値段が300万グアラニ（当時のレートで5万円程度）と聞いているので、倍の値段の10万円程度のものを買うとしよう。新しく買うタンクの値段を600万グアラニ（当時のレートで10万円程度）として、金額からいけば小さなハートのプロジェクトでなんとかカバーできるはずである。もしくは、今使用しているのと同様のモーターとタンクをもうひとつ、少し離れた地域に設置して、水の量を2倍にする、という考えもある。この場合も「小さなハートプロジェクト」の額内で収まるかもしれないが、問題は予算をオーバーした時である。「草の根無償」はたとえば50万円や60万円といった中途半端な金額のプロジェクトでは応募することができないとグアテマラにある日本領事館の草の根無償担当の方から聞いたことがある。その理由として文部科学省の知人いわく、「それくらいの額のものは途上国の政府が出すべきで、それができない場合のみ、草の根無償は存在する」からだそうである。

私の感覚としてはこの地域がそれほど貧しいとは思わないし、水の問題もそれほど深刻とは感じない。しかし、住民がこの地域をよりよくしたいと考えているのはわかり、そういった地域に対して協力するのも国際援助の一環かと思う。

1月26日（水）

この日はキノさんに連れられてヴィルヘン・デル・カルメン村の診療所にいく。しかし、部屋が3つあるだけで他には水も電気も何もない。当然、医者や看護師もいない。「何とかできないものか」という住人の声も分かるが、この施設を経営できるだけの需要（もっといえばお金）がここのコミュニティーにはない。日本の場合には過疎化が進み寂れた町でもお年寄りが健在でお金もあるため、病院もやっていけるのだろう。しかし、パラグアイの農村でそれが可能なのだろうか。

1月29日（土）

キノさんの友人宅で知り合ったサンホアキンの農業学校の教員であるレネさんに連れられ、彼の学校の農園で作られている野菜を見せてもらった。彼は農学の学士号を取得しており、マクロ経済や国際関係のこともよく知っていた。彼は「パラグアイが抱えるマクロ経済の問題を解決するのはほとんど不可能だが、マクロを見ないとミクロの問題も解決できない」といっていた。私も同感である。

2月2日（水）

JICAボランティア調整員の森田さん、サンホアキン市長とヴィルヘン・デル・カルメンの村民とで会合を開く。参加者は約40名と普段より多い。私以外の日本人が来る、というのでみんな興味深そうにしていた。今回の会合の目的は、村の問題点を関係者に知ってもらうことと、その現実的な解決法について話し合うことであった。ただ問題点がはっきりしていても、村民が問題解決に向けてどれだけの努力をしているかは疑問だ。むしろ今回の会合を通じて村民は何もしておらず他力本願になっていることが浮き彫りにされたような気がする。村落開発委員会のメンバーを把握し、各々に仕事をもたせ、委員会費を設定するなど、委員会の強化を考えたい。

2月7日（火）

週末はJICAボランティア総会のために首都のアスンシオンに行っていた。訓練所で農業隊員や資料などから有機肥料についての情報を得る。それをキノさんに話し、彼の庭園で試していたのだが、キノさんは私がもっといいもの（化学肥料や農業隊員）を持ってきてくれると思っていたらしく、せっかく整理したきれいな庭園に枯れ草や牛糞をまいている私に失望していたようだ。彼は私が農業の専門家でないことをわかっているので納得ができないのだろう。私が彼だったとしても納得できないと思う。正直、私も自分のいっていることが100%正しいとは思えない。やはり農業系の隊員に一度来てもらって話をしてもらったほうがよさそうである。

2月15日（火）

ヴィルヘン・デル・カルメン村の町内会長の女性に連れられて、同じ町内会書記長の家を訪れる。話題になったのは、やはり水であった。しかしここでは少し解決方法が違うようだ。まず、水の問題にしろ電気の問題にしろ、彼ら村民だけで解決できる問題だという。市長に手紙を書いて、政府に水をくみ上げるモーターを交換し、電気も圧力を上げてもらうように頼む、というのが彼らの提案した解決法である。それでは自分たちでそれをやったのか、というとまだやっていないと言う。また「（地下水くみ上げ施設の近くに住んでいる）金持ちが自分の好きなだけ水や電気を使って貧しい人々にまで回ってこない現状を改善するべきだ。使える水の量を一家につき1日20リットルに制限するなど、平等な水と電気の使用法を考えれば水が不足することなどない」、という意見であった。しかし平等な水と電気の使用のために必要なメーターをつけるお金はない。後でキノさんにこの話をしたら、どうも町内会長の女性および書記長の男性（ビセンテさん）のことが嫌いらしい。まとまっていると思われていたこのヴィルヘン・デル・カルメン村のなかにもグループ間の対立があるようだ。

2月17日（木）

キノさんが村の電気不足の問題についてカーグアス市にあるＡＮＤＥ（国営の電気会社）に電気のモーターを1つのものから3段式のものに変換を申請する手紙を持っていった。私は一緒に行かなかったのでよくわからないが、キノさんは担当者との会話に良い感触をつかんだ様子だった。

2月25日（金）

4月1日（金）および4月2日（土）にヴィルヘン・デル・カルメン村で行う予定の土壌検査および講習会の書類を担当調整員の森田さんに提出してきた。いよいよ農業隊員に協力してもらって村で講習会を開くのだ。ついでに、ＣＥＴＡＰＡＲ（パラグアイにある日系総合農業試験場）に関する情報も得る。ＣＥＴＡＰＡＲでは農家の人を対象にした研修が行われているらしい。しかしヴィルヘン・デル・カルメン村の農家をＣＥＴＡＰＡＲに送るには交通費が必要である。この場合、ＪＩＣＡからの隊員支援経費は使用できないということで、どう対処するかを考える必要がある。

3月3日（木）

キノさんと、カーグアス市にある教育監督官事務所に行くついでに、ANDEに立ち寄る。会話がグアラニ語だったため良くわからなかったが、職員が明日また様子を見るために、ヴィルヘン・デル・カルメン村に来るらしい。キノさんはANDEからの援助を期待しているようだが、私はなぜか期待できない。

3月11日（金）

今日はヴィルヘン・デル・カルメン村の小中学校で父兄会合を行った。約40人が集まる。貧しくて筆記用具を買えない子どもたちへの寄付やその他の教育費など、1人の生徒につき2000グアラニ（当時のレートで約30円程度）を払ってくれるよう父兄に頼むが、父兄からは不満も多く、徴収は困難な様子であった。

3月17日（木）

イタイプという水力発電の会社が、ヴィルヘン・デル・カルメン村の学校に対し筆記用具を提供してくれた。内容はノート600冊、色鉛筆、消しゴム、鉛筆、ボールペン、鉛筆削り、定規などが150個ずつであった。これで貧しい子どもたちも学校に来ることができるようになるのだろうか（パラグアイの学校は基本無料であるが、ユニフォームや筆記用具を買うことができないために学校に来ない子供も多い）。

3月30日（水）

サンホアキンにある小中学校の先生と知り合いになったことから、その学校で菜園作りを開始した。作物は、レタス、トマト、サツマイモ、小豆、にんじん、タマネギ、そしてネギなどである。また、自身の学びのためにフェ・イ・アレグリア農業学校で高校生と混じって農業系の授業をとり始める。

4月2日（土）

15年度1次隊の農業隊員に来てもらい、ヴィルヘン・デル・カルメン村の農家を対象に2日間の土壌改良講習会を行った。あいにくの天気で、かなり激しい雨が降った。内容が難しすぎたのか逆に簡単すぎたのか、講習会の内容自体に対する村民の反応はイマイチであったが、外部からの客人を好むキノさんは喜んでいた。確かに堅苦しい講習会よりインフォーマルな会話から学ぶことの方が多いかもしれない。

4月14日（木）

水道管理委員会の会合を開いた。地下水を汲み上げるモーターがまた焦げ付いてしまい、修理のために1人3万グアラニ（当時のレートで500円程度）を徴収した。

5月2日

JICAからバイクが貸与されたこともあり、活動先をサンホアキンから10キロほど離れた隣町にも広げる。

6月1日

14年度3次隊の先輩である幼稚園教諭みどりさんがサンホアキンに来てくれ、就学前教育講習会を開いた。講習会はフェ・イ・アレグリア農業学校を主催として行ったのだが、みどりさんの講習が素晴らしく、学校側もうまく準備をしてくれたため、講習会の評判は上々であった。

6月9日（木）

小さなハートのプロジェクト申請のため、水道管理委員会の会合を開いた。だが村民の反応から「やる気がないのか？」という感想を抱いた。もしかすると、村民は私がヴィルヘン・デル・カルメン村に赴任してから半年近く経つのに、講習会を開くだけでプロジェクトを行わないことに業を煮やしているのかと、少し焦り始める。しかし、村民からのプレッシャーに負けないで、もう少し我慢するべきなのだろう。

6月27日（月）

カーサ・デ・マエストロ（先生の家）という組織（本部はアスンシオン）と教育監督官事務所でサンホアキンの学校教員を対象に教員訓練を行った。具体的な教授法を教えるというよりは、教員としての意識について議論するというもので、私にとっても興味深い内容であった。この教員訓練を受けるために教員は、1回のコースに付き1万5千グアラニ（250円程度）を支払うが、終了後には教育文化省公認の修了証明書がもらえる。

7月7日（木）

6月にサンホアキンに来て就学前教育講習会を開いてくれた幼稚園教諭のみどりさんが指揮を執った運動会に、プログラムをスムーズに進めるための助っ人として参加した。私はそれまで、パラグアイでの運動会にはあまり肯定的ではなかった。準備のために授業がつぶれるなど学業がおろそかになるし、運動会以外にもイベントは頻繁に行われていたからである。ただし今回のカアアクペでの運動会を見ると、準備段階での教員および保護者の努力が伺われ、本番を見ただけでは分からない地域の人たちの組織力・団結力の強化に大いに役立っていたようである。

8月1・2・3日（月・火・水）

パラグアイの教育文化省からも教育監督官事務所のほうに就学前教育の教員を対象とした教員訓練を行うよう指示があったようで、サンホアキンでも教育監督官と技術指導者の2人が3日間に渡って教員訓練を行った。参加者は18名であった。内容は教育の「評価」をテーマにしているようだったが、教員の受講態度の悪さや教員自身の創造性の欠落、講習の質自体がいまいちで疑問の残る教員訓練となった。

特に「創造性」の育成の部分では、前述の幼稚園教諭隊員のみどりさんが「パラグアイの子どもたちは、家といえば皆同じ形の家を書く。車といえば、皆同じ形の車を書く。それは、子どもたちを教える先生自身に創造性がないからではないか」といっていたのを思い出した。実践活動のなかで教材を作った時も、既存の物をコピーすることしかできず、それ以外のものは「形が悪い」「間違っている」と思っている教員が多いようだった。教育については何が良いか悪いかを判断するのは難しいが、確かにこういった状況では、子どもたちの創造性は豊かにならない気がする。

8月18日（木）

この時期に行う予定だった前述のカーサ・デ・マエストロの教員訓練が中止になった。サンホアキンの教員らが「1回の講習に付き1万5千グアラニ（300円程度）を支払うのは高すぎる」と講習料の支払いを渋ったためらしい。カーサ・デ・マエストロの活動が今後どのように展開していくのか楽しみにしていたので非常に残念だ。

8月29日・30日（月・火）

8月1日から3日にかけてサンホアキンで行われた就学前教育の教員訓練と同じ内容の教員訓練がカアアクペで行われるというので、視察に行った。カアアクペは首都アスンシオンからバスで約1時間の比較的大きな街である。教員訓練の参加者は23名であった。まず気がついたのは、教員がみんな女性であるということであった。これ自体は驚くべきことではない。パラグアイでも都市部では就学前教育の教員のほとんどは女性である。しかしサンホアキンでは就学前教育の教員訓練の参加者の約半数が男性であった。これはジェンダーの平等性という点においてサンホアキンの方がカアアクペに勝っているからという訳ではない。サンホアキンで就学前教育を行っているのは他の学年も教えている就学前教育に関しては付け焼刃的な教員であるのに対し、カアアクペでは就学前教育を専門に教えることのできる環境にいる教員が多いためであると思われる。次に、講習を行った講師の監督官が、こういった講習を行うのに慣れており、自分の言動に自信を持っているのが伺えた。

教員訓練のなかで議題として挙げられたのは、就学前教育と小学校1年生の教育の間のスムーズな移行である。つまりプリスクールで学んだ内容がうまく小学校からの教育に活かされていないのではないか、という問題である。このような問題はサンホアキンの講習会では取り上げられておらず、カアアクペの教員の水準の高さを示唆していた。

JICAの教育プロジェクト

２００５年10月29日、国際開発における教育というものについて考えさせられる出来事があった。２００６年から行われている予定の教育プロジェクトに関して、JICAの教育調査団が教育分野の協力隊員の話を聞きたいということで会合が行われた。私の職種は村落開発普及員であったが、配属が教育監督官事務所であったため、会合に参加することになった。教育プロジェクトの内容は、教員養成校と各学校の校長の研修を行うことにより教育の質を向上させるというものであったが、私が気になったのはプロジェクトの実施場所がセントラル県とコルディジェーラ県という都市部に限定されていることであった。前述のカアアクペもコルディジェーラ県にある。調査団との会合の内容も都市の教育問題がほとんどで、地方の隊員に意見を求める場面は少なかった。これに対してＪＩＣＡ側の意見を伺おうと自分の担当調整員である森田さんに提出したのが以下のものである。For a better tomorrow for allとはＪＩＣＡのスローガンである。

For a better tomorrow for ALL

名前：伊藤　博
隊次：平成16年度２次隊
配属：教育監督官事務所

２００５年10月29日土曜日に行われたＪＩＣＡの教育調査団の方々との会合のなかで疑問に思わざるを得なかった点があるので言及しておきたい。立場上、私が単なる一隊員でしかないことは重々承知の上で、10年近く途上国における教育を勉強し、また関連した仕事にかかわってきた者の意見として耳を傾けていただきたい。

まず、パラグアイにおいて30年近くに及ぶ活動を行ってきたＪＩＣＡが今まで教育分野において、どのような成果を出してきたのか詳細はわからないが、改めて教育に力を入れるということに関しては大いに賛同したい。例外はあるにせよ、教育のレベルは生産力と比例し、教育はある国が経済的に成功するための必須条件の１つといわれるからである。

さて調査団との会合のポイントは、教員養成校と各学校の校長の質をいかにして向上させるか、ということであったが、挙げられた問題点が地方のものとはかけ離れていると感じた。パラグアイ全体の学校教育における問題点が「お金がない」「雨が降ると授業がない」「校長や先生に能力およびやる気がない」など、物的および人的資源の不足にあるのは否めない事実である。だがその問題の深さは地域によって大きく異なる。調査団の方々と隊員間の会話をすべて再現することはできないことを了承した上で聞いていただきたいが、

調査団「何で学校にお金がないんですか」

隊員「年初めに毎年ペンキを塗り替えたりするんです。それで教育のためのお金がなくなったりするんです。」
隊員「文化的な問題もありますから」
調査団「文化的な問題といってもね」
調査団「雨が降ると学校に行かないんだったら、バスを雇えば行くんですかね」
隊員「お金はどうするんですか」
調査団「地域の保護者の方に出してもらうとか」

私の任地では、保護者が1人2千グアラニ（日本円で30円程度）の学校維持費も払えないのにペンキを塗り替えたり、バスを雇うお金があるとは思えない。そもそも雨が降ったら道がぬかるんで物理的にバスが通れない。あまりの雨量に、道が川のようになる時もある。事実、ヴィルヘン・デル・カルメン村を通る1日1本のバスも雨が降ると運休になる。その事を調査団の方々に質問するとＪＩＣＡの教育プロジェクトもしくは方針自体が「ＪＩＣＡがすべての問題を解決することはできないので、まずはある程度教育水準の高い都市で成功を収めてから地方へ移行する」、「イトウさんの子どもが大きくなる頃には、地方部にもプロジェクトの成果が行き届くでしょう」という答えだった。それで地方の学校の問題点が軽視されているように感じた理由がわかった。

「まずはある程度教育水準の高い都市で成功を収めてから地方へ移行する」という考えは一見すると理にかなっているようである。しかし、これは１９５０年代後半から60年代前半にかけて世界銀行などの開発機関が掲げた途上国における経済開発モデル〝トリックルダウン理論（Trickle Down Theory）〟の教育版である。少なくともそういった印象を受けた。トリックルダウン理論は簡単にいうと、「社会上位層の生産力を上げることにより、社会下層部を引っ張り上げ国全体として豊かになる」というものである。

実は日本は、このトリックルダウン理論をある程度実行した国である。平等主義の日本をイメージすると意外に感じるかもしれないが、明治維新後の日本の発展プロセスを考察すればわかるように、政府はエリートを作り上げることに専心し、常に彼らが国家政策の中心にいた。エリート主義が表面上は嫌われる今も、日本経済はほぼ完全なデュアルエコノミーであり、トヨタなどの比較的少数の「優良企業」が、構造上は下位部の名もなき企業の「所得」を補っているのである（もちろん下位部の名もなき企業がイコール中小企業という訳ではない。それこそ優良な下請け企業が大企業を支えているともいえる）。日本は、そういった所得の格差を国の福祉制度が埋め、富を比較的平等に分配してきた。そういった意味では、日本政府の開発機関であるＪＩＣＡが、意識的にも無意識的にもトリックルダウンをイメージしたプロジェクトを考えるのも無理はない。

だがトリックルダウン理論の実践はほぼすべての途上国で実現することなく失敗し、60年代後半にはＢＨＮ（ベーシック・ヒューマン・ニーズ）の概念に取って代わられた。トリックルダウン理論に基づいて施行されたプロジェクトはむしろ貧富の差を更に拡大させた。富を獲得した上位層は、下層部に再分配するどころか、自分たちに有利な社会構造を作り上げるために資金を費やした。

後述のように政治的腐敗という点において、常に上位に入るパラグアイで、「まずはある程度教育水準の高い都市で成功を収めてから地方へ移行する」というトリックルダウンに沿ったプロジェクトを行った場合、どういうことが想定されるだろうか。地方部よりも、すでに生活水準も教育水準も高い都市部に焦点を当てたプロジェクトが成功し、都市部の人たちがさらに豊かになれば、地方部に行き着く以前に、その豊かさを恒久化しようとするのではないだろうか。

ラテンアメリカ教育の権威であるカリフォルニア大学ロサンゼルス校のカルロス・トーレス教授は、著書*Democracy, Education, and Multiculturalism*(1998)の中でこう述べている。

Knowledge will be not only fragmented but also segmented by social hierarchies. Those who can afford to pay growing user fees will continue to send their children to school, and their offspring will be able to access the pool of knowledge that society has to offer. Those who are unable to pay the growing out-of-pocket expenses will simply become marginal to mainstream knowledge (and social structure)(p. 137)

これはつまり再生産理論(Reproduction Theory)のことであり、「知識(教育)のあるものは(生産力があると考えられるがゆえに)より多くの収入を得、その収入で自分たちの子どもに教育を受けさせられる。その子どもたちはまた多くの収入を得、その収入で子どもたちに教育を受けさせる、という循環がある。それができない貧しい者たちは、教育を受けることができず、より貧しくなっていく」、ということである。

この「教育による貧困の輪」の打開策として、ハーバード大学のノエル・マックジン教授は、フェルナンド・レイマーズ教授が編集したラテンアメリカ各国の教育プロジェクトをまとめた書 *Unequal Schools, Unequal Chances* (2000) のなかで、

"... it is possible to achieve equity and that one highly effective way to do so is to spend money in favor of those currently disfavored." (p. 180)

「平等を達成することは可能であり、最も有効な手段は、現在軽視されている人々のために資金を費やすことである」と述べている。

JICAのプロジェクトがパラグアイ人口の貧富の差をさらに拡大させるような結果にならなければよいと心から願う次第である。

この文章をレポートにして担当調整員の森田さんに提出したところ、JICAのプロジェクト担当職員に渡しておく、とのことであった。約2日後にプロジェクト担当者から返答があり、プロジェクトの概要についてもう一度説明してくれるということであった。このすばやい対応については感謝したい。だがプロジェクト担当職員と話をした後もこのプロジェク

トが（比較的裕福である）「都市優先型」であり、田舎にいる貧困層は放ったらかしにされている、という気持ちがくすぶり続けた。

プロジェクト担当職員の方の話だとまず「JICAは日本の政府機関であり、対象国の政府とのやり取りを通して開発事業にかかわる」ということである。つまりJICAの頭のなかにあるのは貧困層を直接援助するというよりは、その上にある中央政府に働きかけ、中央政府が自国の貧困層を援助する、という構図である。今回の教員養成校や校長の研修もJICAの単発的な援助というのではなく、中央政府レベル（教育文化省）からこのプロジェクトを「制度化」して継続していけるようにするのが目的、ということらしい。この考え自体には100％同意するし、うまくいけばこんなに素晴らしいことはない。確かに中央政権が変わらなければ国民全体の生活水準を向上させることは難しい。だが、これがどれだけ現実的なことなのかはわからない。

パラグアイは政治腐敗を代表する国だ。政治腐敗について研究しているNGO、「Transparency International」の政治腐敗指数ランキングによると、パラグアイは調査した103カ国中、100位であった（2003年当時）。JICAはパラグアイにおいて30年に及ぶ活動をしているが、目に見えて残っている成果というのは残っていないとプロジェクト担当職員もいっていた。これは1954年から始まり1989年まで続いた独裁者ストロエスネル政権時代は無論のこと、その後もいくつかの短期的な政権交代はあれど、ずっと続いているコロラド党政権の権力者が世界各国からの援助金をポケットにしまいこんでいるからだ、という批判を当時よく耳にした。私も現地の新聞で何度か「日本政府がパラグアイに多額の寄付している」という記事を目にしたが、そのお金が具体的にどう使われるのか、また使われたのか、という記述はない。ネルソン・アギレラというパラグアイの作家はストリートチルドレンの状況を描いた著書、"En el nombre de los niños...de la calle"（ストリートチルドレンの名のもとに）のなかでこう表現している。

En el Paraguay existen más de cuarenta organizaciones que reciben fondos del exterior para ayudar a los niños de la calle. Lastimosamente no son ellos los destinatarios de los millones enviados, sino los potentados políticos que ostentan sus largos apellidos para formar fundaciones fantasmas y estafadoras.

パラグアイでは40を超える組織が、ストリートチルドレンを援助するために外部資金を受け取っている。残念ながらストリートチルドレンはその多額の資金を受け取ることはなく、形骸化している財団を牛耳る、力のある政治家がその資金を懐にしまっている。このネルソン・アギレラの文章は、パラグアイにおける援助の実状を物語っている。

「政府関係者が援助金を横領するとしても少しは貧困層にも行き渡る」、「貧困層に直接援助しても砂漠に水をやるようなもので効果が見えない」というＪＩＣＡ関係者の話も聞く。前者は少しでも貧困層に行き渡るという根拠がなく、仮にそうだとしても大部分が政治的腐敗者の懐を太らせるのであるならば許されるべきではないだろう。後者はたとえがやや的外れで、仮に貧困層を砂漠にたとえるのならば、ＪＩＣＡはその砂漠に草木を植える（貧困層を直接援助する）のではなく、雨を降らせるための雲（貧困層を援助する政府）を作ろうとしているように思える。仮に雲作りに成功し、雨が降り、砂漠が潤うのであれば、最高の結末である。だが、草木のないところに雲をつくるというシナリオがどれだけ現実的なのか疑問が残る。

あるＪＩＣＡ関係者は「日本の援助は今まで甘すぎた。これからは内政干渉といわれても強い姿勢で相手国政府の腐敗を取り締まり、内部を変えていく努力をするべきかもしれない」という。これも確かにそうしていくべき部分は当然あるだろうが、どれだけ実現可能かは疑わしい。当時の大統領ニカノール・フルートが教育大臣だった２０００年の教科書を見てみると、副大臣や教育開発担当者など、裏面に関係者として掲載されている４名のうち３名がニカノール大統領の近親だった。このような状況でどのような努力ができるのかは未知数である。もしかすると、こういわれるかもしれない。「(政治内部が近親で構成されているのは)日本だって同じではないですか」と。日本の政府開発援助機関であるＪＩＣＡがそういうのであれば、これはまさにスペイン語でいう「No hay remedio（これにつける薬はない）」である。

小さなハートの地下水くみ上げ施設改善プロジェクト

赴任してから約半年が過ぎた頃、幾度かの住民との会合や自身のヴィルヘン・デル・カルメン村における生活を通じて、地下水くみ上げ施設改善プロジェクトはやってみてもいいか、という気になった（正直、住民の、特にカウンターパートであるキノさんからのプレッシャーに負けた部分もある）。そこで協力隊員が上限30万円まで申請できる「小さなハートのプロジェクト」に申請することにした（実際は経費が差し引かれるので直接受け取れるのは27万円までとなる）。資金源は日本の企業や個人からの寄付である。ただし、この決断にいたるまでも相当な迷いがあった。前述のように、プロジェクトを行うにはいくつもの課題があった。たとえば村のなかではキノさんを頭とする東のグループとビセンテさんを頭とする西のグループによる対立があった。地下水くみ上げ施設改善プロジェクトが双方のグループにとって有益なものであることはニーズ調査からも明確であったが、プロジェクトの実施場所が問題であった。

地下水くみ上げ施設は元々、コミュニティーの東に位置していた。そこでくみ上げられた水は東側から西側に流れていくため、東側に住む人々が多くの水を使用した場合、西側の人々に行き渡らないことがあった。毎月、各家庭が水道代として月々1万グアラニ（約200円）を支払っているにもかかわらず水を享受できない西側の人々は地下水くみ上げ施設が東側にあるのが不公平であると考えていた。当時の業務日誌のなかにも「（水道管の近くに位置している）比較的裕福な50世帯がより多くの水を浪費するためのプロジェクトには絶対したくない。ただ私が今のところ話しているのはスペイン語のわかる比較的裕福な人たちだけなので、グアラニ語しか話せない本当に貧しい人たちの気持ちはまだわかりません。だからプロジェクトを始めるとしても着任後1年くらいしてからだ、と最初からいっているのに、カウンターパートであるキノさんからは、西暦3000年までにはできそうか、と嫌味をいわれる始末」とプレッシャーを感じていた様子が書かれている。協力隊員として「何もしない」とはどういうことか。やはり形に残るプロジェクトをやった方がいいんじゃないか。しかし、グアテマラでの学校立ち上げプロジェクトもプロジェクトありきで、本当に地域住民にとって必要なものだったのかどうか。答えは未だにわからない。

結局、担当調整員の森田さんにアドバイスを受けながら、2005年の10月頃、「小さなハートのプロジェクト」に申請し、年明けの2006年の2月頃にはプロジェクトからの資金を受け取ることが決まった。資金が到着すると、キノさんに連絡し、早速カアグアスの金物屋に必要な資材を調達しに行く。キノさんの車では全部の機材を運べないので、後日、金物屋のトラックで残りの資材を持って来てもらい、その時点で支払いを行った（あらかじめ支払っておくと、資材を持って来てくれない可能性がある）。また、キノさんに対しても支払いは小切手で行うことにしておいて、支払い当日まで多額の現金が私の手元にある事は伝えなかった。キノさんを信用していない訳ではなかったが、話が他の人に漏れて自分の身に危険が降りかからないとも限らないからだ。機材が到着してからは主にキノさんと村人の仕事である。モーターを取り替え、予備のタンクをつり上げる。モーターが高性能なため焼け付くこともなく、水も豊富に貯めておけるため、水の供給に心配はなくなった。今回の地下水くみ上げ施設改善プロジェクトは、すぐに目に見える成果が現れるせいか村民も協力的で、グアテマラの学校立ち上げプロジェクトよりスムーズに完了した。

農業学校教員

ちょうどその頃、赴任1年目に自身の学びのために出入りしていたフェ・イ・アレグリア農業学校の理事長がやってきた。彼女はカトリックのシスターで、非常に穏やかな方であっ

農業学校の生徒たちと

た。彼女の話だとフェ・イ・アレグリア農業学校の英語の教員が急にやめて困っており、正規の給料を出すから私を正式な教員として2006年の2月から12月までの10カ月間、雇用したいという。協力隊は確か副業でお金を稼ぐことは禁止なので、交通費だけはもらうことにして了承した（その交通費も最終的には学校に寄付した）。

フェ・イ・アレグリア農業学校に限らずパラグアイの学校は朝が早く、午前7時に授業が始まる。私はフェ・イ・アレグリア農業学校から8キロ離れた村に住んでいたため、バイクで行くとしても午前6時前には起床して準備しなければならなかった。特に冬の寒い時期に雨が降った時などはベッドから出るのがしんどかった。パラグアイは南米にあるので、常夏であると思われている節があるが、冬は気温が零度近くまで下がる。しかも家は基本的に木できた掘建て小屋なので風通りがよく、部屋のなかにも外気が直接入ってくる。私の部屋には小さな電気ストーブが1つあったが、あまり意味をなさなかった。

フェ・イ・アレグリア農業学校での授業に関しても、最初は戸惑った。私は大学でのティーチング・アシスタントや日本人の子女を対象に教員を経験したことはあったが、パラグアイ人の高校生を相手に授業を行うのは初めてであった。高校2年生および3年生は、私が飛び入り学生として参加していた頃からの知り合いであり、精神的にも成熟していたためか、みんな真剣に耳を傾けてくれていた。しかし、高校1年生は騒々しく、授業が成立しないほどひどい時もあった。特にハイメ君という男子生徒はやんちゃで、授業中も走り回っていたため、一度、彼のおしりを思い切り蹴飛ばしたこともある。しかし彼とはその後、仲良くなり、私がパラグアイを去る時もわざわざ私の住むヴィルヘン・デル・カルメン村までやってきて別れを惜しんでくれた。

UCLA出願に向けて

2006年7月、前述のUCLAのコンセプシオン・バラデス教授からパラグアイを訪問する、という連絡を受けた。教育省に行って関係者にインタビューしたり、大学で講演を行うためだ。私は教授と一緒に教育省や大学をまわり、普段であればなかなか会えないであろう識者に話を聞き、パラグアイの教育政策や言語政策についても見識を深めることができた。また教授のリサーチ・アシスタントも務め、UCLAの博士課程に進学したとすればこんな感じかなあ、と想像していた。

2006年9月に入り、UCLAに出願するための準備を本格的に始めた。UCLAはアメリカの高等教育機関で1年以上教育を受けた受験者にはTOEFLの提出を義務づけていなかった。私は米国の大学院で修士号の学位を取得していたので提出する必要はなかったが、そこはアメリカ人のピーターにもTOEFLを要求したアメリカの大学である。念のため、申請書のパッケージのなかにTOEFLのスコアも同封しておいた。その他、GREのスコア、志望理由書、3通の推薦状、財政証明書などが義務づけられていた。GREは、協力隊に来る前に日本でUCLA教育大学院合格者の平均程度のスコアを取得していたので、それを提出した。推薦状は、成城大学の恩師である中村先生、コロンビア大学の指導教員であるヒル先生、そしてJICAパラグアイ事務所の斎藤所長からいただいた。申請書類のなかでも他の応募者との差別化をはかるために最も大事なのは、おそらく志望理由書であろう。これに関しては、研究テーマとの類似性からトーレス教授やバラデス教授の著書や研究を持ち出し、いかに彼らの元で学びたいか、そしてその研究をその後どのように自身のキャリアにつなげていきたいかという意気込みを書いた。他の大学院もまったく考えなかった訳ではない。たとえばメリーランド大学カレッジパーク校やストックホルム大学などからも資料を取り寄せた。しかし最終的に申請した博士課程のプログラムはＵＣＬＡだけであった。

私の任期の終了は２００６年の12月であったが、フェ・イ・アレグリア農業学校での英語教員として、後任の教員のために英語教授法マニュアルを残すという作業があったため、２カ月ほど延長することになった。これに関しても担当調整員の森田さんに助言を受けながら延長申請書を作成し、２００７年２月までの延長が認められた。

ＵＣＬＡへ

任期終了が近づくと、連絡を取っていたＵＣＬＡのバラデス教授から、パラグアイから日本へ帰る途中、ロサンゼルスに立ち寄らないか、といわれた。しかし、そのメールをもらった時点ではＵＣＬＡに合格が決まっていた訳ではなかった。ロスに行くことを承知した上で、大学院の方が不合格だったら恥ずかしい、という気持ちがあった。しかし、協力隊同期のユウちゃんが「合格するのを前提で、承諾した方がいい」と背中を押してくれたこともあり、結局３泊４日でロスに滞在することになった。２００７年２月３日、私はパラグアイのアスンシオンからブエノスアイレス、ワシントンＤＣを経由してロサンゼルスに降り立った。空港にはバラデス教授が直々に迎えにきてくれていた。

車のなかで「今はまだ友人ということで丁重に扱っているけど、指導教官と学生という関係になったら厳しく振る舞うから」といわれ、まだ非公式ではあるが、ＵＣＬＡの博士課程に合格したと告げられた。それは当然、嬉しい知らせではあるのだが、ここでバラデス教授から、私の博士課程申請に関する失敗を耳にした。「ヒロシの志望理由書には、私の元で学びたいと何度も書いてあったけど、志望学科はカルロス（トーレス教授）のいる Social Science and Comparative Education となっていたわ。私の所属は Urban Schooling なんだけど」。そんな学科があることさえ知らなかった。バラデス教授は続ける。「私は慌ててカルロスの元へ行って、彼に担当教員としてヒロシを受け持ってくれるかどうか頼んで了承を得たの。そしてカルロスと私が共同で担当教員という結論になったのよ」。私のせいでそんな苦労をさせていたとは。自分が情けないと思うと同時にＵＣＬＡを選んで間違いなかったと確信した。

ロスでの滞在では、トーレス教授のセミナーを聴講することができた。セミナーで話されたテーマも国際教育開発に関することであった。その授業のなかで台湾人の女の子が「私たちは国際開発の文脈のなかで教育を語っているけど、実際の所、途上国の教育を改善するために何もできていないのではないか」という素朴な質問を投げかけてきた。それに対して私は、グアテマラやパラグアイで納得のいく活動ができなかったこともあり「答えや解決法を見つけるのが我々の目的ではない」と返した。しかし、後でそういったことを後悔した。まったく当たり前のことであるが、私たち国際教育開発の専門家は、国際教育開発が抱える問題に関して答えを探さなければいけないし、解決法を模索しなければいけないのだ。「答えや解決法を見つける」のは難しく、不可能に近いだろうが、それが目的でないというのは言い訳であり、目的としなければ国際教育開発学者の存在意義はない。

ロサンゼルスを後にした私は、2007年2月、2年2カ月ぶりに日本へ帰国した。その次の日から私は広尾の訓練所で帰国オリエンテーションを受講した。そこでは進路や就職の話があったのだが、担当者から「パラグアイの大使館で経済関連の専門調査員を探しているんですけど興味ありませんか。伊藤さんは既に修士号もお持ちですし」といわれ、一瞬心がときめいた。しかし大使館の専門調査員の任期は延長を入れて3年である。その後、食うに困るほど職にあぶれることはないだろうが、3年後に修士号だけを持っている自分が想像できなかった。UCLAの博士課程も順調にいけば3年で終えられると考えており、JPOを狙うなら、またそれ以外の進路を選ぶにしても、私には将来的に博士号を取得しないという選択肢はなかった。そして博士過程に進学するとすれば、その時しかないだろうと思っていた。

日本に帰国後、JICAが行っている出前講座で三重県内の2つの小学校に行くことができた。1つの学校では給食も出してもらい、普段なかなか見ることのできない今の小学校の現状を見ることができた。私が小学生の時とは異なりとても国際的になっており、ブラジルやペルー、ボリビア国籍の子どもたちもいた。彼らと一緒に勉強する方が私の話を聴くよりよほど国際理解につながるだろうと思った。またもう1つの小学校では、教員の1人が「やりたいことができていてうらやましい。私も協力隊に参加してみたかったけどできなかった」と言っていた。私は「皆が皆、私のようにやりたいことをやったら、日本経済が破綻してしまいますよ」と励ましとも慰めともつかない返事をしてしまったが、国際ボランティアをやるのに遅いということはない。小学校の教員なら現職参加という方法もある。40歳以上の方にはシニアボランティアという選択肢もある。

２００７年9月の博士課程が始まるまで半年間、時間があったため、日本へ帰国してから1カ月程して、私はパラグアイに戻った。パラグアイには、5月の終わりまで3カ月近く滞在し、言語に関するアンケート（自分の家で話す言語、学校で話す言語、好きな言語などを尋ねた質問表）を取るため多くの学校を回った。その結果、合計約６０００名から回答を得ることができた。このアンケートが後々博士論文の一部を形成することになる。

第7章

大学院博士課程

UCLA大学院

2007年9月、私はUCLA教育学研究科の博士課程に進学した。コロンビア大学の修士課程で取得した単位を移行した上で2年間のコースワークがあった。このUCLAでの博士課程はコロンビア大学時代にふがいない成績を残した自分自身へのいわばリベンジでもあり、並ならぬ意気込みで授業に望んだ。

アメリカの大学院で良い成績を取るためには、良いペーパーを書かなければならない。非英語母語者として良いペーパーを書くには、コロンビア大学時代にジョージ君がいてくれたように、有能な英文校正者を見つけることが絶対不可欠であった。しかし、有能な校正者を探すのは非常に難しい。特に学生である私の場合、高額の校正サービス会社などを利用することは不可能であった。そんな時に知り合ったのが中国系アメリカ人のティーナである。同じ教育学研究科の修士課程にいたティーナは、カリフォルニア大学バークレー校で英文学の学士号を取得しており、アカデミック・ライティングに長けていた。ティーナとしてはずっとバークレーにいたかったようだが、カリフォルニア大学バークレー校は、同じ大学にずっといるのを良しとしない風潮があるようで、バークレーで学士号を取得した学生は、大学院では他の大学に進学することが推奨されているようだった。そこでティーナは、元々の地元であるロサンゼルスに戻ってUCLAの修士課程に進学したのだった。

ある日、私はティーナにある授業の教科書を貸す約束をしており、一緒にハンバーガーを食べる機会があった。アメリカの大学の教科書は一般的に非常に高いので、コピーさせてもらう人が多い。その席で私はティーナにお金（時給25ドル）を払うから私のペーパーの英文校正をやってくれないか、とお願いした。それに対し、ティーナは無料で校正をやってくれるという。私としては無料では申し訳ないし、報酬がまったくないのでは校正の方もどうしてもいい加減になると思い、お金を払うと主張した。だがティーナは、友人からお金は受け取れないと無料で校正してくれた。

しかし彼女の校正者としての腕前は確かなものだった。自分自身も忙しいはずなのに、私のペーパーを次々と直してくれ、1年目の授業はすべてAもしくはA＋を取ることができた。またティーナは人格者でもあり、私が落ち込んでいる時は「一緒にプールに行こうか」と、

UCLAの同期と

よく気晴らしに誘ってくれた。

また中国系カナダ人のロブやガーナ系イギリス人のケイとも一緒にバスケットボールをしたり、色々な所に出かけたりと仲が良かった。ケイは日本に住んだこともあり、少し日本語が話せる。アニメのNARUTOを教えてくれたのもケイだ。「え、日本人のくせにNARUTOを知らないの？」とびっくりしながらDVDにNARUTOのエピソードを20話まで収めたものを私にくれた。「まあ息抜きにでも」と思って見始めたのだが、この少年忍者たちはいつも修行して戦って傷ついて倒れて入院したかと思うとまた修行して、と常に向上心の固まりである。そんなナルトたちを見ていると、「ああ、休んではいかん。僕も修行せんと」と思ってしまう。学生であった私にできることといえば勉強しかない。多少体調が悪くなっても、「いや、ナルトたちはボロボロになってもまだ修行している」と、どうしても勉強ばかりしてしまった。息抜きで見始めたはずなのに。

UCLAのコースワークでは、教育開発に関連する授業のほか、調査方法・調査手法に関するコースを3つ以上履修する必要があった。アンケートやインタビューなどの質的調査手法のコースは定員オーバーのため履修できなかったので、仕方なく量的（統計的）調査手法のコースを取った。統計学に関しては、最初の頃は何がなんだかさっぱりわからなかった。もちろん平均や中央値などは知っていたが、分散や標準偏差などの概念は恥ずかしながらそれまで知らなかった。その後SPSSと呼ばれる統計ソフトを使って、回帰分析やANOVAなどデータを分析する授業になると、「基本的な統計分析は私の苦手な数学ができなくてもできる」と感じるようになり、ここから教育のモニタリングおよび評価への興味が出てきた。次の年からは質的調査手法の授業を履修することもできたが、統計学の勉強が面白くなり、ずっと量的調査手法の授業を取り続けた。

その他の授業に関しても順調にAやA＋の評価だったが、同時に2年目はUCLAのコースワークに物足りなさを覚えるようにもなった。まずコロンビア大学に比べるとUCLAの教育大学院は学生数が少ないため、履修できるコースの種類が少なかった。またコロンビア大学が実務的な内容を扱うのに対し、UCLAはどちらかというと理論的であった。コロンビア大学の教員は実践的でフィールドによく出ており、世界銀行などの国際開発機関で働いている、もしくは働いた経験のある先生が多かった。UCLAは社会理論や教育理論を専門とする教員が多く、国際機関に対して批判的な意見を持つ人も多かった。

私は国際開発を坐学で学ぶことの限界を感じ始めていた。確かに理論は、経験をより体系的に理解するのに必要だ。また国際機関で働くためには学位も必要である。しかし、元々理論や学位だけでは十分でないことを自分のなかで感じていたから、修士号を取得した後にそのまま博士課程には進まず、企業やNGOや協力隊で経験を積んだのだ。理論はある意味、理論でしかない。それはケーススタディのような追体験を通して学ぶ授業にも当てはまる。疑似体験は、そのままでは疑似体験でしかない。自身の元々持っている経験と組み合わせて初めて応用がきくのだ。

ある国際開発関連の授業の後、私はニューヨークに住むコロンビア大学時代の友人トニーさんに電話した。トニーさんはハイチ系アメリカ人で、ホンジュラスなどで活動していた。私は「国際開発が抱える実際の課題に対して、理論の応用がきかない。難しいねえ、といっているだけで具体的な答えが見つからない。何ともいえないもどかしさがある」と切り出した。以前トーレス教授のセミナーで質問を投げかけてきた台湾人の女の子も同じようなもどかしさを抱えていたのだろう。トニーさんは「コロンビアでもUCLAでも見つからないのなら、ハーバードにでも行くしかないね」と返してきた。それは予期せぬ答えであった。「ハーバードになら答えはあるんだろうか？」と聞き返すと「そりゃあ、ハーバードだからね。あるんじゃない？」「そうかなあ」と最初は真面目にやり取りしていたが、すぐにトニーさんが私のことをからかっているのがわかった。文句ばかりいって悩んでいても仕方がない、ということなのだろう。UCLAで理論を学んだおかげで、おそらく私のなかの理論のキャパシティーがいっぱいになり、それを経験によって検証したいという欲求があふれてきたのかもしれない。結局、国際協力や国際開発の答えとは理論と経験を積み続けることでしか追い求められないのだろう。

ユニセフの面接

将来のキャリア形成へ向けてJPOを視野に入れていた私は、国連機関でのインターンを考えていた。しかしUNDPやユネスコのインターン制度にオンラインで応募しても何の音沙汰もなかった。そこで日本のユニセフ協会が行っている海外インターン・プログラムに応募することにした。これは毎年5—8名前後をユニセフの事務所に8週間から16週間派遣させる制度である。年齢も35歳までを優先とあり、応募時に33歳であった私でも問題なかった。

この日本ユニセフ協会のプログラムは国際協力に興味のあるすべての大学院生におすすめ

である。ＵＮＶ（国連ボランティア）と同等のお給料と渡航費、保険代金も含まれる。職名も教育オフィサーになる。また赴任先となる地域事務所もユニセフ協会が手配してくれる。

この日本ユニセフ協会のプログラムには以前から興味があったが、指定されている赴任国がアフリカやアジアのため（最近では南米も対象になっている）、ラテンアメリカをバックグランドにする私には向いていないと思っていた。しかし、発想を逆転させ、自分のバックグランドの幅を広げるには、むしろアジアやアフリカで働いた方が良いのではないかと思い直した。

ユニセフのＪＰＯの年齢制限は32歳と他の多くの国際機関より3歳ほど若かったため、私は年齢制限が35歳であるユネスコでのＪＰＯを考えていた。したがって通常であればインターンもユネスコでするべきなのだろうが、前述のようにユネスコのインターンは応募しても返事がなかった。またこれも逆転の発想で、ユニセフを経験してからユネスコに行く方が両方の組織を経験できて良いとも考えた。書類審査に合格し、次は面接試験である。比較的日本に近い西海岸のロサンゼルスに住んでいたとはいえ、面接のためだけに東京に戻るのは大変なので、ニューヨークのユニセフ本部で面接を受けることにした。２００８年12月のことであった。

ユニセフの面接の前の3カ月間は咳ぜんそくに悩まされ、咳が止まらなかった。なぜ、咳ぜんそくになったのかはわからなかった。今までも、ニューヨークに住み始めた頃など、環境が変化した直後に数週間ほど咳が止まらなかったことは何度かあったが、3カ月というのは異例の長さであった。UCLAのなかにある病院にも行き、薬をもらったが効果はなかった。ユニセフの面接の時に咳をすれば致命的だ。「こんな体の弱いやつを途上国に送れるのか」と思われてしまうかもしれない。だが、ちょうどユニセフの面接が行われる日に咳は止まった。奇跡なのか気合いなのか、おそらく単なる偶然だろうが安堵した。ユニセフの面接は志望動機から始まり、ユニセフのなかで私に何ができるのか、という私の能力や資質を問う内容となった。志望動機に関しては「大学院、NGO、青年海外協力隊、と国際協力にかかわってきた者として、次のステップに国際機関で働きたいと思うのは自然な流れである。特にユニセフは現場主義であり、私が協力隊の時からいい続けてきたような最も恵まれない、僻地で本当に助けを必要とする層に基礎教育を通じてアプローチをするのをミッションとしているため、私自身の開発哲学にも合致する」、という話をした。

また私に何ができるのか、という質問には、「教育モニタリング評価ができる、そのための勉強をしてきた」と答えた。教育モニタリング評価は必ずしも私の得意分野ではなかったが、国際教育開発において需要があると感じていたからだ。本来であれば、私には言語政策や識字教育に対する専門知識の方があったはずであるが、国際協力と言語政策がどのように整合性があるのか、当時の私は国際協力の場にいながら言語を研究テーマにしていることに対して間違った引け目を感じていた。その後わかったことであるが、ユニセフにもユネスコにも言語政策や識字教育に精通する専門家を求める部署は存在するし、重要視もされている。

クオリファイング試験とリサーチ・プロポーザル審査

米国の大学では、博士論文を書く前に主に3つの段階がある。まずは2年間のコースワークを終えること、次にクオリファイング試験にパスすること、そして博士論文を書くための研究を始めるためのリサーチ・プロポーザル審査をパスすることである。2年間のコースワークは単位数に換算して、修士課程をもう一度繰り返すのと同等か、それ以上の労力と時間が必要となる。コースワークを終えた後は、クオリファイング試験を受験しなければならない。試験と言っても、出題されるテーマに沿った論文3本を3日以内に書いて提出するというもので、ちゃんと文章が書けるのか、参考文献の引用ができるのかなど、論文執筆に必要な能力を客観的に検証する作業と言える。リサーチ・プロポーザル審査とは、博士論文を書くための研究計画がしっかり立てられているのか、審査を受けるものである。リサーチ・プロポーザルの審査を行うには、担当教員を含む4名の教員から構成される委員会を自分で作らなければならない。私の場合、担当教員が2人おり（トーレス教授とバラデス教授）、後の2人もトーレス教授が示唆してくれた。トーレス教授曰く、「委員会のメンバー選びは慎重に行わないとダメだ。せっかく良い博士論文を書いても、メンバーの１人が反対すれば学位は取れない。私はそのせいでずっとＡＤＢ（All But Dissertation：日本でいう博士後期課程単位取得満期退学）の人を知っている」と、彼の知っている教員を選んでくれた。

ＪＰＯ受験

ＪＰＯの受験には、関連分野における修士号、職務経験、そして有効なＴＯＥＦＬのスコア（足切りラインは発表されていないがおそらくiＢＴで最低１００点以上）が必要である。私にとって、このなかで最も障害となったのはＴＯＥＦＬであった。ＴＯＥＦＬは１９９８年に米国で受験して以来、紙媒体は4回、コンピューター媒体のものは3回、受験していた。当時、最後に受験したコンピューター媒体のスコアは３００満点中、２７７点であったが、２００4年のスコアであり、２００9年度のＪＰＯ受験では有効ではなかったため、再びＴＯＥＦＬを受験する必要があった。米国の大学院で修士号取得し、当時も既にＵＣＬＡ博士課程在籍2年目だったので「今さら、またＴＯＥＦＬか」というのが正直な感想であったが、どうあがいても免除はされないようであった。最新のインターネット媒体のＴＯＥＦＬは日本人一般が得点源としていた文法のセクションがなくなっており、代わりにスピーキングのセクションが入っている。ただしスピーキングといっても、実際に試験官とコミュニケーションを取るわけではない。与えられる題材や質問に対して、コンピューターに向かって一定時間一方的に話をするというもので、私にとって非常に難しく感じられるものであった。「週末は家族と何をしますか」などの質問が出ると、「家族は日本にいるんだけどなあ」と思いながら、話を合わせるためにあたかも家族と何かしているかのような話をし始めるのであるが、途中で「やっぱり無理」となってしまう。実際に試験官と話をするのであれば、その場で理由を話して話題変更を求めることもできただろう。またライティングに関しても「映画は家で見るのと映画館で見るのとどちらが好きですか。その理由はなんですか」という題材が出た時があった。この問い自体がアカデミック・ライティングに適当なものとは思えず、その時のライティングのスコアはイマイチであった。結局インターネット媒体のTOEFLも3回受験して、最後のスコア（108／120点満点）を提出した。

2009年4月1日、JPOの応募が開始されると同時に応募用紙をダウンロードし、作成準備に取りかかる。その年の6月に34歳を迎える私には、JPOに何度も挑戦する時間的余裕がないため、全身全霊を込めて応募用紙を作成し、約2週間後には日本へ向けて発送した。後の面接試験の時にわかったことだが、その年のJPO受験で最初に外務省に届いた応募書類だったらしい。

申請書は英語と日本語のものが1部ずつある。それぞれ名前や住所、使用可能な言語などの基本情報に関して聞かれた後、学歴や職歴、海外経験などを聞かれる。また最後のページでは希望職種、希望機関、希望地域、そしてこれまでの経験を国際機関での勤務にどのように活かせるかについて記入する欄がある。

志望する機関については第3志望まで書く欄があった。前年度の申請用紙にも志望機関を書く欄はあったが、おそらく「派遣を希望する機関」としか尋ねられていなかったと思う。教育開発を専門に勤務できる国際機関というのは意外に少なく、私は焦った。第1志望はユネスコで問題はなかった。ユネスコを選んだ理由として「ユネスコはアドボカシーの分野および他機関との調整役として影響力があり、マクロの視点からも教育開発に携われること、またノンフォーマル教育の場を提供するなど、現場で直接働きかける活動も行っており、政策と現状の隔たりを埋められる機関であることが挙げられる。ユネスコは教育研究機関としての役割も大きく、私が大学院などで習得した教育データの収集および分析能力を活かせるものと確信している」と書いた。

しかし、ユネスコの後が続かない。ユニセフのＪＰＯは32歳までと年齢制限が他の機関よりも若く、当時既に33歳だった私には選択肢として存在しなかった。ＯＥＣＤにも教育局があり、ＰＩＳＡ（Program for International Student Assessment）などの教育評価を行う部署があったが、ＯＥＣＤは先進国の集団であり、私が当初考えていた国際教育開発とはイメージが異なっていた。だが他に選択肢があまりなく、色々な人に相談した結果、結局第2志望はOECDに決めた。選択理由としては「OECDは教育政策委員会および教育研究革新センターの2つの機関を中心に教育政策の分析や教育改革の研究を行っており、大学院での事例学習でも扱ってきたため、同機構の活動についてある程度習熟している点、またPISAなど、多くのプログラムで教育改善のためのデータ構築および分析を行っており、自分の教育調査能力が応用可能である点が挙げられる」と書いた。第3志望は、「年齢制限に例外があるかも」と思い、ユニセフ、そして国連開発計画や国際労働機関など、教育開発にかかわっている組織をまとめて書いた。

希望職種については第2希望まであった。ユネスコであれば教育プログラムスペシャリスト、OECDであれば教育アナリスト、のように組織によって職種の名前も決まっている気がしたので、そのままの順で書いた。なぜその職種を選んだのかについても理由を表記しなければならない。教育プログラムスペシャリストにおいては「NGOでの教育プロジェクトの管理運営経験を、国際機関の教育プログラムやプロジェクトの調整業務においても活かすことができ、また教育プログラムの評価やフォローアップなど、新たな分野での経験が積めると考えている」と書いた。教育アナリストにおいては「大学院で統計および質的調査手法の訓練を受けており、フィールドでの調査経験もあるため、国際機関の教育セクターにおいてもデータの収集や分析の分野で貢献できる」と書いた。

これまでの経験を国際機関での勤務にどのように活かせるかについては以下のように記入した。

「私は今まで、教育サービス会社からNGO、協力隊に至るまで、同じ教育開発という文脈においても変化に富んだ組織の中で多用な役割を果たしてきた。教育サービス会社での講師及び教育関連業務、途上国での教育プロジェクト運営管理および高等学校教員の経験、大学院や職務で学んだプレゼンテーションや教育調査手法等の技能は、国際機関での職務においても、プログラムなどの企画、運営管理、業務調整、調査などのいずれの分野においても十分に応用可能であると考えている」。

「また、国際機関で働く際の長所となりえるのが、環境や文化も含めた適応能力である。私は東京、ニューヨーク、ロサンゼルスという大都市で高等教育を受けて来た一方、出身は地方であり、グアテマラやパラグアイでの任地も農村であった。異なった環境のなかでさまざまな文化背景を持つ人々と生活し、たとえばグアテマラのNGOでは、ネパール人とフランス人の同僚と職場だけでなく住居もともにした。言語も英語の他に、グアテマラではスペイン語、パラグアイではグアラニ語を習得し、これらの言語を用いて活動を行ってきた。このことから、勤務先が先進国の首都でも途上国の僻地でも支障なく活動でき、さまざまなタイプの人々と円滑にコミュニケーションが取れ、新たな言語習得も比較的短期間で可能である」と書いた。

ＪＰＯの面接は２００９年の９月15日に行われた。後述するようにその年の８月からフィリピンのユニセフで働いていたので、その時期は当然フィリピンにいたのだが、教育セクション・チーフに理由を話して３日間休暇をもらい、日本に帰った。当初はマニラから直接成田空港に飛び、ＪＰＯの面接を受けてそのままマニラにとんぼ帰りするつもりだったが、結局はマニラから名古屋のセントレア空港に飛び、実家で１泊してから新幹線で東京に向かい、新橋のホテルで１泊して面接に臨むことにした。面接官は３人おり、外務省の司会系の方が真ん中、ＮＰＯの重役のような方が向かって右側、大学の先生が左側という配列であった。面接の内容を簡潔にまとめると「なぜ、ＪＰＯを志望するのか」、「なぜ、国際機関で働きたいのか」、「これからもずっと国連などの国際機関で働く気があるのか」、「ユニセフではどのような活動をしているのか」、「協力隊ではどのような活動をしていたのか」という質問から入り、「ストレスへの対処法」から「無能な上司との付き合い方」まで聞かれた。

「なぜ、国際機関で働きたいのか」という問いには、ユニセフでの面接の時と同じように、ＮＧＯや協力隊などで国際協力にかかわってきた者として、国際機関を活躍の場の選択肢として入れるのは自明の理である、と答えた。「これからもずっと国連などの国際機関で働く気があるのか」という問いには当然、「はい」と答えた。その上でそれまでのＮＧＯや協力隊での経験、そして国際教育開発などを大学院修士および博士で学んできたことから、付け焼き刃の生半可な気持ちで国際開発にかかわっていくのではない、という意味での「はい」であることを説明した。

「ユニセフではどのような活動をしているのか」という問いには、「チャイルド・フレンドリー・スクール（後述）」の教育評価およびその報告をドナーにするドナー・レポートにかかわっている、と答えた。特にユニセフでの活動については、面接官すべてがメモを取るなど興味を持って聞いてくれていたようである。

「協力隊ではどのような活動をしていたのか」という問いは、活動自体というよりは村落における生活について聞かれたような記憶がある。詳細は覚えていないが、途上国でもたくましく生きていけるのかということを確認するような内容だった気がする。

「ストレスへの対処法」に関しては、嘘になるのかもしれないが元々ストレスを溜めにくい性格である、と述べた。そして仮にストレスが溜まっても、スポーツでリフレッシュできる、と答えた。事実、グアテマラではバスケットボール、パラグアイではサッカー、フィリピンでは水泳をやってストレスを発散していた。

「無能な上司との付き合い方」というのは組織で働く上で非常に重要なテーマである。無能な上司にも色々な種類やレベルがあり、その人自身が無能でも部下に仕事をまかせてくれる上司と、自分で抱え込んでしまう上司では大きな差がある。面接では仮に国際機関において無能な上司を持ったとしても、部署内における自分の存在感をアピールできるチャンスにつながる、と説明した。

質問のすべてにうまく答えられたわけではないが、今までの経験から答えを絞り出し、面接官の方々から助け舟を出され、なんとか無事に終了した。途中、私のスペイン語力を確かめるためかスペイン語で話すようにいわれて話してみたが理解はされていなかったようで反応はなかった（フランス語ができる人はフランス語を話すようにいわれることもあるらしい）。また、希望する組織についても「配属先はユネスコとOECDのどちらがいいですか」と聞かれ、「ユネスコ」と即答した。その理由は、OECDは先進国の三十数カ国の人としか働けないが、ユネスコだと190を超える国の人たちと交流できるからだ。また国際機関に詳しくない人に職場について尋ねられた場合、ユネスコだと「国連」と答えておけばいいだろうが、OECDだと説明が面倒くさい。後述するように、この選択が正しかったのかどうかは、かなり微妙であった。しかし面接自体はいいたいことをいい切ったので、これで落ちたら仕方がないと思える出来だった。面接後は緊張のせいでお腹が痛くなり、霞ケ関の駅でうずくまってしまった。

ユニセフで働く

ユニセフで勤務したのは2009年8月から12月の4カ月余りであった。フィリピンは前年の2008年にも訪問していたので初めてではなかったが、今回は1人ということでやはり不安が先立った。幸い、ユニセフの車が空港まで迎えに来てくれて、事務所近くのホテルまで送ってもらえたので助かった。ユニセフはChild Friendly School System（CFSS：子どもに優しい学校制度）という、比較的恵まれない子どもたちや学校を対象としたプログラムの普及に力を入れており、私の役割はそのプログラムの評価分析をお手伝いすることであった。赴任してしばらくはフィリピンの教育省のデータ（退学率や標準テストの点数など）を用いて、CFSSに参加する学校の状況についてまとめる業務を行っていた。評価分析に関するレポートの原稿を書いたり、コンサルタントの書いたレポートを校正したりと、大学院で学んだことが活かせる機会もあり、充実した毎日を過ごしていた。このような平穏な日々に暗雲が立ちこめたのは、歴史的台風16号がフィリピンのルソン島中央部を直撃した9月26日のことであった。

その日は土曜日で朝から雨が降っており、友人との予定もキャンセルになったのでユニセフのオフィスに行くことにした。午前10時頃に家を出た時には少し雨脚が早い程度で、降水量もそれほどではなかった。しかし午後3時過ぎにオフィスを出て家路につく頃には腰付近まで水位が上昇し、水の流れも早いため、通りは川のようになっていた。レストランもほぼ全部閉まっており、かろうじて開いていたセブンイレブンで慌てて食料を買い込んだ。ただ通りの人たちは悲壮感に乏しく、どこから持ってきたのかゴムボートで遊んだり、子どもたちはそのまま泳いだりと、フィリピンの人たちのたくましさに対して微笑ましく思った。日曜日には水も引き、何事もなかったかのようであった。被害のほとんどなかったマカティに住んでいた私にはことの重大さが理解できていなかったのだ。

月曜日にオフィスに行くと早速緊急会議が開かれた。その時点ですでに何百という人々の命が失われ、何百万という人々が被害にあっているという情報が伝えられていた。またその1週間後に、やはり大型台風の17号がルソン島北部を襲い、「皮肉にも16号の穴を17号が埋めた（つまり16号によって被害を免れた地域も17号によって大打撃を受けた）」と教育セクション・チーフは憂いていた。台風17号の上陸から1週間ぐらいしてチーフから「緊急教育援助の方も手伝ってほしい」といわれ、情報収集および状況レポートの作成を始めた。

ＣＦＳＳのモニタリング評価の時と異なり、緊急教育援助に関する基礎知識がまったくなく、どの上司も自分の仕事に手一杯で、指示もよく理解できないものが多かったため、私はミスを連発した。特に苦戦したのが被害人口の内訳の計算であった。被害人口から就学人口や年齢別人口を割り出し、どの地域のどの人口に焦点を合わせてどのような援助をどの程度行うのかを計算するのだが、台風が来るたびに被害人口は変動し、またユニセフも予算など

UNICEFにて災害必要物資を配給する私

に合わせて援助対象とする人口の割合を変更するので、計算するのがどの時点における数字なのかを把握しておかなければならない。ただそういった重要な決定が下される席に下級教育オフィサーの私がいるはずもなく、上司も激務のためにそういった情報を私に伝える余裕がなかった。またそういった計算をレポートに書く際は、細かな援助の内容や予算配分なども臨機応変に素早くまとめなければいけないが、恥ずかしながら私はどうしていいのかわからず、コンピューターの前でうろたえてしまったこともあった。

台風16号が来てから3週間が経過する頃、オランダ人のマーティンさんという教育コーディネーターの方がやって来た。マーティンさんは元々ユニセフＪＰＯであり、その後は、正規職

マーティンさんとフィリピンの教育省にて

員としてミャンマー事務所などで緊急援助関連の仕事をしていた。彼が来てから教育セクションの雰囲気が一変した。それまでは私の上司である教育セクション・チーフが文字通り何もかもを担当しており、明らかに疲労困憊の様子がうかがえた。しかし、マーティンさんが緊急教育援助の大部分を引き継いだため、チーフに依存する割合が減った。マーティンさんが来て安心したせいか、チーフはその後すぐに3日ほど病気で仕事を欠勤した。それまですべての仕事をこなしていたチーフに敬意を表するとともに、威厳と謙虚さを持ち合わせて緊急教育援助のクラスターを引っ張っているマーティンさんにも、失礼な言い方だとは思うが刺激を受けた。それまで「凡人が何かをしようとすると時間がかかる」と言い訳をしながらのらりくらり生きてきた私だったが、いつかマーティンさんのようになれるのだろうかと焦りを感じた。

ユニセフでの任期も残り1ヵ月という11月下旬頃からまたCFSSの業務を再開した。毎年12月中旬にタガイタイという街でCFSSを総括する研修会があるためで、CFSSに参加している学校がどのような状況にあるのか、各地域の教育省の担当者や学校関係者などに報告してもらい、ユニセフの持つデータと照らし合わせながら評価分析を行う。そのデータを計算してまとめるのが私の役割であった。それなりに自信を持ってやっていたつもりだったが、一部小学校と高校のデータを混合してしまうなど、最後まで上司に迷惑をかけてしまった。

フィリピン人に関してであるが、私がフィリピンで出会った人々からはラテンアメリカの人なつこさとアジアの礼儀正しさの両方を兼ね備えているという印象を受けた。ユニセフの事務所内の雰囲気も非常に良く、働きやすい環境だった。現地で使用されるタガログ語に関しては、理解できないことの方が多かったが、必要最低限の会話といくつかの冗談をいうだけで、フィリピンの人はかなり親近感を持ってくれたように感じた。

博士論文

２０１０年1月、博士論文を完成させるためにロサンゼルスへと戻った。年始で混雑していたためか、名古屋から東京とサンフランシスコを経由するという変わったルートであった。

私の博士論文のテーマはパラグアイの言語政策であり、協力隊の任期中やその後に何度かパラグアイを訪れ、関連するアンケート調査を行っていた。しかしアンケート結果を分析し、さらなる検証を行うためにもパラグアイの言語政策に精通する識者にインタビュー調査を行う必要があり、２０１０年の2月から3月にかけてパラグアイを訪問した。まずは２００６年にバラデス教授が訪問した時に付き添いで行った教育省関係者をあたる。その後は大学などの研究者にインタビューを行った。

持ち帰ったデータを分析し、論文を完成させていく。その過程でも多くの人の力を借りた。最大の功労者はアマンダであろう。先述のように私はＵＣＬＡに入学してから、ティーナに英文校正をお願いしていたのだが、ティーナは1年で修士号を取得し、またバークレーに行ってしまった。その後、エゾラという新しく修士課程に来た学生と出会い、1時間25ドルで校正をお願いしていたのだが、彼もまた1年で修士号を取得したため、私のコースワークが終わると同時にいなくなっていた。他の人にも校正してもらったが、なかなか良い英文校正者は見つからなかった。そもそも1時間25ドルという費用もアバウトで、1時間しか働いてなくても「2時間やった」と私に50ドル請求することもできるため、校正の腕だけでなく誠実な人でないと困るのだ。

そこで以前から知り合いであった同じ教育学研究科の博士課程にいたアマンダにお願いすることになった。彼女は「エゾラの次は私だと思っていた。いつヒロシが頼みに来るのか待っていた」と快諾してくれた。通常であればメールでのやり取りで済ませるのだろうが、彼女はわざわざ車で私のアパートの近くのカフェまで来て何時間も校正に付き合ってくれた。「直接話しながらやらないと本当に良い校正はできない」というのが彼女のポリシーで、校正以外のことも英語表現などについて色々と聞くことができた。"To sugarcoat"（オブラートに包んだ言い方をする、遠回しにいう）という表現も彼女から学んだものである。

博士号取得後はパリにあるユネスコ本部での勤務が決まっていたため、フランス語の学習を始めたいと考えていた。今日ではインターネットでも無料の語学サイトがあるが、それではやはり限界がある。そこでUCLA Extension（日本でいう大学のオープンカレッジのようなもの）でフランス語の講座を取った。これは自分のなかではヒットであった。ともかく先生が良い。フランス人ではあるがアメリカで生まれ、完璧なバイリンガルである上に、教え方も非常にうまい。何より、教えたいという真摯な態度が伝わってきた。フランス語ができない私に対し、何度も正規の授業前に時間を作って補習をしてくれた。

しかしUCLA Extensionの授業だけでは足りない。個人的にフランス語のチューターを見つけるため、UCLAの中央図書館のトイレの前に「フランス語教師求む。報酬は1時間25ドル」と張り紙を出した。何日かするとフランス語を教えてくれるという人からメールが来た。メールをくれたのはマガリさんという27歳のフランス人の方だ。親御さんが外交官で、沖縄に7年間も住んでいたそうである。逆にフランスには4年しか住んだことがないといっていた。彼女は日本、特に沖縄をこよなく愛し、琉球大学に進学を考えていたがセンター試験で良い点数が取れず、仕方なくサンタモニカ・カレッジを経由してUCLAの脳科学部に進学したそうである。マガリさんの日本語は流暢であったが、センター試験となると話が違うのだろう。日本人がSATのバーバル・セクションやサブジェクト・テストを受験するようなものだ。彼女は非常に良い方で、約束の時間にUCLAのカフェテリアに行くと、スムージーを2つ注文して待っていてくれる。その分は私が払うというと、要らないと断られる。それだけで10ドルぐらいはするというのに。

よくスペイン語ができるのなら同じラテン語から派生したフランス語の習得も楽なのでは、といわれるが、やはり違う言語であるし、似ているから混乱して難しい部分もある。またスペイン語ができるといっても、私はスペイン語の母語者なわけではない。スペイン語の母語者なら混乱することもないだろうし、ネイティブならではのニュアンスで理解できる部分もあるのだろう。そして何よりフランス語は発音やイントネーション、リエゾンが難しい。発音が難しいと聞き取りも難しいのだ。

博士論文審査

２０１０年5月、なんとか博士論文を書き終えた私は、再びプロポーザル審査の時と同じ博士論文委員会を形成し、6月2日に行われる博士論文の審査に備えた。内容に関しては担当教員であるトーレス教授とバラデス教授から一応の承認を得ていた。審査に際し、トーレス教授は「一番最悪なのは論文の概要をパワーポイントにして何十分も話すことだ。論文の概要は5分でいい。後はこちら側が質問する。委員会のメンバーは博士論文を読んでいることが前提になっているんだから、内容に関する詳しい説明はいらない」といっていた。博士論文の審査は和やかな雰囲気の中で進み、修正した方が良い点に関してアドバイスを受けた。修正後の博士論文をトーレス教授に確認してもらった後、指定の用紙にプリントアウトして提出し、6月18日に博士号が授与された。

２０１０年7月に日本に戻り、その後、東京のフランス大使館で外交官用のビザを申請した。ビザの発行には1カ月ほどかかるということであった。「その間、旅行で台湾に行くからパスポートが必要なんだけど」というと、「別に構わない。ビザは別に作っておく」、ということで、パスポートがなくてもビザは作れるということであった。そしてそのビザを後でシールのようにパスポートに貼るのだ。その後1カ月が過ぎたが何の連絡もなかったのでフランス大使館にメールしたが、返事はなかった。しびれを切らし、直接フランス大使館に行った。窓口で「もう1カ月以上過ぎている」というと「ちょっと待っていろ」と何かごそごそとして、ビザが出てきた。その場で作っていたような感じもしたが、おそらく気のせいだろう。

第8章 ユネスコ

パリへ

ＪＰＯに合格しユネスコに派遣されることを知ったのは２００９年12月24日、まだユニセフ勤務でフィリピンにいる時であった。その後、博士論文の研究でパラグアイに滞在していた時に外務省の方から連絡があり、パリにあるユネスコ本部での勤務を伝えられた。ユネスコには本部の他に４つの大きな地域教育局がある。中東ではレバノンにあるベイルート・オフィス、アフリカではセネガルにあるダカール・オフィス、アジアではタイにあるバンコク・オフィス、そしてラテンアメリカではチリにあるサンチアゴ・オフィスである。私自身のバックグランドを考えた場合、チリのサンチアゴ・オフィスに派遣される方が妥当であると思われたが、外務省の担当者からは「まずは本部で人脈を作るように」といわれた。そういうものかと思いパリに行くことにした。

その後、ユネスコ本部内の2つの部署とインタビューを行い、それぞれの相性を見ながら気に入った部署で勤務するように言われた。1つは教育戦略の部署で、もう1つはＥＦＡ（Education for All：万人のための教育）国際コーディネーション部署（後のＥＦＡグローバル・パートナーシップ部署、現グローバル・アジェンダ・コーディネーション部署）であった。自身の専門を考慮すると教育政策なども含まれるため、前者の教育戦略部署に勤務する方が適当であろうと思われた。しかし、教育戦略部署の電話面接の際に「おまえは何ができるのか」といった質問が主だったのに対し、ＥＦＡ国際コーディネーション部署の方は「貴方の今までの経歴からするとこういった貢献ができると思う」という反応であった。しばらく考えたが、貢献できるといってくれているＥＦＡ国際コーディネーション部署でお世話になることにした。

ＥＦＡ

ＥＦＡは、元々1990年に、タイのジョムティエンにおいて「万人のための教育世界会議」が開催されたことに機を発する。同会議はユネスコ、ユニセフ、世界銀行、国連開発計画が主催し、ユネスコはＥＦＡコーディネーターの役割を任された。164カ国の代表が出席し、就学前教育の拡大、基礎教育の完全普及、非識字者の減少、教育における男女の就学格差の是正などが目標として定められた。

しかしその後の10年を経て、万人のための教育目標を達成するには進展が遅いということで、改めて2000年にセネガルのダカールにおいて「世界教育フォーラム」が開催され、EFAのための6つのゴールが掲げられた。具体的には、(1)就学前保育・教育の拡大、(2)基礎教育へのアクセス、(3)青年および成人の学習ニーズの充足、(4)識字率の50%の改善（非識字者の割合を1990年比で50%減少させる）、(5)基礎教育における男女格差の解消、(6)教育のあらゆる側面における質の改善、である。EFAについては比較国際教育の専門家や各国の教育省の人でも、名前は知っているが細かな経緯や内容については曖昧な人も多いようだ。ユネスコ内で教育にかかわる職員でもEFAの6つのゴールをいえない人もいた。これではゴールを掲げる意味が薄まってしまう。

勤務開始

2010年9月11日、パリに到着する。

ユネスコでの仕事というと想像しにくいかもしれないが、これは部署によって大きく異なる。ユネスコでもEFAグローバル・モニタリング・レポート部署のようにリサーチ・ペーパーを書く部署もある。一方、私の配属先であるEFA国際コーディネーション部署の仕事は、主に招待状やコンセプト・ノート（プロジェクトや会議などの草案）の作成といった国際会議の準備や会議の内容に関する報告書を作成することである。会議の直前には招待者に必要資料を送付したり、電話をかけて出席の確認を行う。結構地味でアドミニストレーション・スキルが求められる仕事である。

9月13日、ユネスコ本部の入口でこれからの上司となるドイツ人のサビーン・デッツェル氏と待ち合わせ、まずはＥＦＡ部署へと案内される。当時のチームメートは、サビーンのほか、ノルウエー人の部長オラフ、日本人の真理さん、フランス人のグレッグ、スペイン人のカルメン、エストニア人のリナであった。ユネスコの教育セクターやＥＦＡについて教えてもらった後、私の主な担当は「Ｅ９イニシアティブ」であると聞かされる。

Ｅ９イニシアティブは、１９９３年にインドのニューデリーで行われたＥＦＡサミットの場で承認された。あるレポートによると、当時のユニセフ事務局長であったジェームズ・グラントがＥ－９イニシアティブの元々の構想を持っており、ユネスコ事務局長であったフェデリコ・マヨールがそれを採用した、とある。世界銀行や国連人口基金など、他の国際機関も同イニシアティブに参加したが、ＥＦＡの活動の一環としてユネスコが担当することになったとされる。「Ｅ」はEducationを表し、「９」はバングラデシュ、ブラジル、中国、エジプト、インド、インドネシア、メキシコ、ナイジェリア、パキスタンの９つの国を表す。

これら9つの国の教育問題に取り組むことはEFA達成に必要不可欠と考えられている。というのも世界人口の半分以上、非識字者3分の2以上、そして非就学児の半分近くがこれらの国に存在するからである。イニシアティブを通してパートナーシップの構築を図り、共通の教育問題に取り組む、というのがE—9の主旨である。代表的な活動の1つに、2年ごとに行われる閣僚間レヴュー会合（大臣会合）が挙げられる。この会合ではE—9諸国が関心を持つ共通のテーマについて大臣レベルでの議論が交わされ、テーマに応じた教育プログラムが組まれる。最近では「開発のための識字」をテーマに行った第8回アブジャ大臣会合（2010年）および第9回ニューデリー大臣会合（2012年）、「E—9国におけるEFAの進行状況」をテーマに行われた第10回イスラマバード大臣会合（2014年）、「E—9国のネットワークの再活性と再検討」について議論された第11回ダッカ大臣会合（2017年）が挙げられる。

このようにE—9イニシアティブは1993年の創設以降、ワーキング・グループ会合およびハイレベル・グループ会合（後述）とともに、ユネスコのEFAの枠組みの一部を形成してきた。EFAワーキング・グループ会合は政府や国際機関の代表が集まり、技術的なアドバイスおよび情報交換を行う場を提供する。EFAハイレベル・グループ会合はより政治的であり、EFAの達成に向けてより多くのリソースを動かすことを目標としている。前者は２０００年から、後者は２００１年よりそれぞれ年に一度のペースで２００１年まで約10年間、行われてきた。現在はハイレベル・フォーラムと呼ばれるものになっている。

私の主な仕事は2カ月ごとに行われるナイジェリア・ユネスコ代表部の大使との会合とやはり2カ月ごとに、ナイジェリア代表部の大使との会合と交互に行われるE—9国の代表者会議を組織・運営することであった。そして最終的には２０１２年6月のインドで行われる予定の大臣会合に向けて準備を行うことであった。

海外で働くということは所属先での活動以外に、現地での生活に慣れる、ということも含まれる。当たり前に聞こえるかもしれないが、これが意外に難しい。特に言語の習得は一筋縄ではいかない。グアテマラではスペイン語、パラグアイではグアラニ語、そしてフランスでの生活にはフランス語が重要である。ユネスコには独自の語学プログラムがあったので、週2回は昼休みにフランス語を受講することにした。しかしそれだけでは十分ではないので1週間に2回、ユネスコでの仕事の後、語学学校に通った。また1週間に一度はアナベルと夕食を取るようにした。アナベルはニューヨークの語学学校で知り合ったフランス人の友人である。アナベルは英語がペラペラであるが、「ヒロシの勉強のために」と、ほぼ１００％フランス語で会話をしてくれた。フランス語が下手な私とフランス語で会話をするのは非常にしんどかったと思う。申し訳ないので授業料を払うと申し出たが「友人からお金は受け取れない」と断られた。

このような努力にもかかわらず、フランス語はなかなか上達しなかった。職場ではすべて英語であり、フランス語を話すのは秘書とのやり取りくらいだった。また私生活においてもフランス語を使う機会はあまりなかった。機会がなかったというより機会を作らなかったという表現の方が適切かもしれない。ラテンアメリカの人々は私がわかろうがわかるまいが自分たちの言葉で話しかけて来たが、フランスではそうではない。自分から努力して話しかけていかなければならない。しかしパーティーなどに顔を出しても英語で話してしまう。またフランス語を本格的に勉強し始めたのが34歳と遅かったのも習得に苦戦している原因の1つかもしれない。大学生の時に第2外国語としてフランス語を履修していたが、フランス語学習には興味がなかった。当時はどうしても必要性が感じられなかったのだ。しかし人生、何が後になって役に立つかはわからない。すぐに役立つと思えるものはすぐに役立たなくなることも多い。

コロンビア大学時代に知り合った日本人の友人がパリのOECD教育局で働いていたので連絡を取り、一緒に夕ご飯を食べた。彼女も元々はユネスコJPOであったが、2003年からOECDで教育アナリストとしてのキャリアを築いていた。非常に有能な方で、大学院で同じ講義を履修していた時も、私が難しくてよく理解できなかった授業の後、彼女は「内容が簡単すぎてつまらない」といっていたのを覚えている。彼女は仕事でも私生活でもきちんとした自分のスタンスを持っており、「OECDで働くこと自体にそれほど意味はない。しかしOECDで働いているからこそ自分の功績が世界に認められる。単なる一研究者が同じことをしても世間の反応は違うだろうし、そもそもOECDに所属していなければ今と同じことはできないだろう」といっていた。OECDはPISAをはじめ、世界的に大規模な教育調査を行っている。そのデータは一般公開されているが、専門家でなくても理解できるように彼女のような内部の研究者がデータ分析したレポートが発行されている。当時の彼女は、ユネスコでのJPOも含めると国際機関で働き始めて10年程度は経っていたと思うが、彼女の目はとてもキラキラしていた。私より1つ年上だが、非常に若々しく見えた。

私がユネスコでEFAのコーディネーションの仕事をしているというと、「コーディネーションはできて当たり前と思われる仕事。成功しても誰も評価してくれないし、失敗すると叩かれる」といわれ、もっともだと思った。そういった意味ではサッカーのゴールキーパーに似ている気がした。フォワードはよほどの決定期でない限り、シュートを外しても文句は言われない。逆にキーパーはよほど相手チームの決定期でないかぎり、得点を決められると責任を感じさせられてしまう気がする。

パリにいて途上国の現場に行けないもどかしさについても話を聞いてもらった。彼女は世界銀行のコンサルタントとしてベトナムにいたこともあり、私の気持ちはわかるが先進国でしかできないこともある、と諭してくれた。私にとって彼女は今でも雲の上の存在だ。

パリで働き始めて2カ月たったある日、私のアパートが空き巣に入られた。ラテンアメリカでも、現地の子どもに時計や文房具などを盗られたことはあったが、今回はだいぶ様子が違っていた。その日は、仕事が終わった後、パリ第一大学パンテオン・ソルボンヌ校のパートタイムMBA（Master of Business Administration）の説明会に参加しており、家に着いたのは夜の9時過ぎだった。いつものように自分の部屋の前で鍵を出し、ドアを開けようとすると、ドアにドアノブがついていない。部屋を間違えたかな、と階段の方まで戻って確認するが、どう考えても自分の部屋である。ドアノブのついていないドアを開けて中に入ると、ドアノブとその付属品が絨毯の上に丁寧に並べられていた。しかし引き出しは荒らされており、パソコンやカメラ、キャッシュカードや現金などが盗まれていた。ショックだが仕方がない。日本へ電話し、キャッシュカードの使用を止めてもらう。その日は結局、鍵もドアノブもついていない部屋で寝ることになった。

翌日はまず職場に行って事情を説明し、次に近くの警察に行った。しかし英語の話せる警察官がおらず、私のフランス語では詳細がよくわからないということで英語の話せる警察官のいる交番を探して歩いた。保険にも入っていたがすべてフランス語で対応しなければならなかったので、同じ部署で働いていたフランス語のできるスペイン人のカルメンに助けてもらった。鍵の交換も保険が適用されたが、半分くらいは自費であった。以前の鍵より頑丈で値段も高い鍵に交換したのでかなり損をしたことになる。後で聞いた話によると、パリはアパートを狙った空き巣被害が多く、ユネスコの日本人職員でも、空き巣に何度も入られたので鍵を8個付けたという人もいた。しかもその鍵も、空き巣の目をくらますためにいくつかは故意に施錠しないという。また以前、日本の文部科学省から派遣されていたアソシエート・エキスパート（AE）の方が、泥棒が空き巣に入っている所に出くわし（泥棒とは以前から面識があったらしい）、殺害されるという痛ましい事件もあった。

また11月の同じ時期にある地域グループの代表部との会合があった。彼らは、ユネスコが何も物資的支援を行わないことに腹を立てているようで、しきりに「なぜユニセフは物資をくれるのにユネスコはくれないのか」と連呼して、私の上司を困らせていた。そういいたい気持ちは分からないでもないが、主張が間違っているといわざるを得ない。ユニセフは国連児童基金という名前が示すようにファンディング・エージェンシーであり、誤解を恐れずにいえば物資を供給するのが主な仕事である。戦後貧しかった日本にもユニセフから粉ミルクや靴などが届けられた。私がフィリピンのユニセフで働いている時に台風が来て緊急援助を行った時も、必要な場所にスクール・キットなどの物資を供給するのが主な仕事であった。

一方、ユネスコは専門機関であり、ノウ・ハウや情報交換の場を提供する組織である。もちろん、お互いの機能が重複する部分もあるがユネスコはユニセフにはなれないし、その逆もしかりである。

私は会合の間、上司が責められているにもかかわらず黙っていた。その時まで私のなかには「上司というのは部下を守り、育てるもの」という認識があった。しかし実際はそうでない場合が多い。上司も人間であるし、部下に助けを求めたい時もある。また立場上、いいたくてもいえないこともある。私は当時、既に国連職員の立場でユネスコ側にいたが外務省からの派遣でもあり、外務省と文科省の合同組織とも言えるユネスコ代表部に同じような立場からものをいうことができたはずだった。しかし私は何もしなかった。そのことによって上司からの信頼が失われたということはない。そもそもその時点で信頼というものは存在しなかったのだから。ただ、上司との信頼は自分で築いていかなければならないものなのに、その一歩をみすみす逃してしまったのだ。

また同時期に、現在は東京大学で教鞭をとる北村友人先生と知り合う機会があった。奇しくも私と同じくUCLAの教育学研究科で比較国際教育の博士号を取得し、ユネスコでも同じJPOとしてEFAのコーディネーション部署で勤務したことがあった。私が出会った当時は上智大学で教鞭をとっており、ユネスコとの間にインターン制度を確立するためにパリ

ユネスコの中庭にて同僚たちと

を訪問していた。

私は北村先生に出会う前から北村先生のことを知っていた。北村先生は比較国際教育の世界では著名な方で、本や論文を多数、執筆していた。私がＵＣＬＡの博士課程を始めたばかりの頃、名古屋大学国際開発研究科のホームページに北村先生の名前を発見し、当時32歳の私と３つほどしか年も違わないのに、随分と活躍されている方もいるものだと妬みのような感覚を覚えた。その後、私がＪＰＯとしてユネスコに入った際、北村先生にメールしてみた。すぐに丁寧な返事が来て、その後もユネスコでの仕事で色々とアドバイスをいただいた。

私と北村先生は経歴の一部は重なっているが、多くの点で異なっている。北村先生は慶応義塾大学卒業後、ＵＣＬＡで修士号と博士号を取得し、大学での非常勤講師を経て27歳の若さでユネスコのＪＰＯとなった。その後ユネスコ北京事務所で正規のポストを得たにもかかわらず、ご本人曰く「自身の勉強のため」、30歳という若さで名古屋大学国際開発研究科の准教授となった。一方の私は、修士号を取得後、企業やＮＧＯ、協力隊を経てＵＣＬＡの博士課程に進学し、回り回って35歳でＪＰＯになっている。その後は、国際機関でのポストが得られずユネスコを去ったのだった。

北村先生がパリに来た時には他のユネスコの日本人職員数名と、昼食および夕食をご一緒させてもらった。当時、私はまだユネスコに残るつもりでいたが、私の父が大学教員をしていることもあり、大学での仕事にも興味があったのでどうすれば大学の教員になれるのか、色々とアドバイスをいただいた。２０１３年に私も大学教員となったが、北村先生は目標とも呼べない、絶対に追いつけない存在だ。

ＥＦＡワーキング・グループ会合

２０１１年2月には第11回ＥＦＡワーキング・グループ会合があった。ワーキング・グループとは技術的なアドバイスや情報交換を行う場である。ここで審議された事項がハイレベル・グループに上告され、大臣レベルの話し合いで採択が決まる。私にとっては右も左もわからないなかでの初めての大きな会議であった。

最初のセッションではＥＦＡの進展状況について討議が行われた。ベイルート、サンチアゴ、バンコク、ダカールのそれぞれの地域事務所代表がＥＦＡの進行状況について説明した。それによるとＥＦＡの達成度合いは地域によっても国によっても異なり、２０１５年を期限に掲げた6つのゴールを達成することは難しいという見通しであった。

次は教育の質に関するセッションである。１９９０年に始まったＥＦＡは、就学率の上昇という面ではかなりの功績を上げたが、教育の質の保証という面では多くの課題を残したままだ。その文脈のなか、ＯＥＣＤの教育局代表が教育の質をモニタリング評価する必要性と、教育の質を向上させる際の教員の役割の重要性を強調した。国際機関の職員も各国政府の関係者も「教員の質が教育の質である」という議論をよく行う。それはそれで間違いではないが、そこで議論が膠着してしまう。国際機関の職員も政府関係者も自分が教員をしていたわけではないからなのか、どうしても議論が一般論から掘り下がっていかない。

セッション3は、いかに教育をＰＲしていくかというテーマである。教育への投資により人間開発指数（国連開発計画が測定しているＧＤＰだけではなく識字率や平均寿命なども含めた社会開発の度合いともいうべき指数）が上昇する、失業率が低下する、など教育の効果を強調し、教育に十分なリソースをステークホルダーに投資してもらうための手段を考える場であった。結論として教育の重要性をステークホルダーへ訴えるための提唱者が必要である、ということであった。これが後のハイレベル・フォーラムの形成へとつながっていくことになる。

セッション4のテーマは紛争と教育である。現在でも世界30カ国に紛争が存在しており、教育にも影響を及ぼしている。紛争により教育が受けられないという状況の改善に関する議論はもとより、教育がそもそもの平和構築につながるという話がユニセフ、アフガニスタン政府、ユネスコ教育政策研究所、セーブ・ザ・チルドレンの代表者からなされた。争いは無知や相互理解の不足から生じることが多いからである。

セッション5は教育財政に関するテーマで、ＥＦＡ達成のための財源をいかに確保していくのかという内容について話し合われた。海外送金や航空運賃に税金をかける、またパブリック・プライベート・パートナーシップ（企業との協働）を進めて行くなどの話が出た。

ワーキング・グループ後の立食パーティーでは、サンチアゴ・オフィスの所長に声をかけられた。当時サンチアゴ・オフィスには日本人どころかアジア人もおらず、多様性を高めるためにもＪＰＯの2年目はサンチアゴでやればいい、といわれた。それを聞いていた上司のサビーンは「ヒロシはまだ来たばかりなんだから連れていかないで」といっていた。こう書くといかにも引く手数多に思えるが、ＪＰＯは国際機関にとってそれぞれの政府が財源を負担してくれる、いわばタダの人材なのでどこも欲しがるのだ。

EFAハイレベル・グループ会合

2011年3月22日から24日までタイのジョムティエンでEFAのハイレベル・グループ会合が開かれた。EFA部署は全員この会議に出席することになった。当時（パレスチナ加入でユネスコが極貧状態に陥る以前）、ユネスコ職員は国際会議などの仕事でフライト時間が8時間を超す場合はビジネスクラスを利用していた。多額の予算を使うことになるので、教育局長は全員が参加する必要があるのか、と疑問に思っていたようだが、部長が「今回の会議ではEFA部署の1人1人に役割がある」と教育局長を説得した。

このハイレベル・グループ会合は私が国際公務員として初めて参加する国際会議であった。「外交官用のパスポート（入国審査などをスムーズに行うためなどに国際公務員に与えられる水色の旅券）を持っていると荷物検査を受けなくて済む」という噂を聞いていたため、部長に事の真相を尋ねたところ、「いや、検査されるよ」といわれた。しかも、外交官用のパスポートを持ち、国際公務員として国際会議に参加する場合にも、結局日本のパスポートも持っていく必要がある。実際、ジョムティエンの会議から帰って来た時、パリの空港では入国審査の時に外交官用のパスポートを提示したのだが、「これはパスポートではない」といわれて結局日本のパスポートに判子を押された。

またアップグレード以外でビジネスクラスに乗ったのも初めてだった。航空会社は今までに何度か乗ったこともあるエール・フランスであったが、エコノミークラスとは違い機内食がおいしかった。前菜を味わってゆっくり食べていたら、キャビン・アテンダントが「もう食べ終わった？」と何度も片付けようとしにきて、隣の席に座っていたビジネスクラスに慣れていそうなおじさんに笑われた。

タイのスワンナプーム空港では、私も入国審査官も外交職務に対する手続きがわからず、外交官用のパスポートと日本のパスポートを一緒に出したところ、最初日本のパスポートに判子を押されたのだが、外交職務ということで訂正され、新たに外交官用のパスポートに判子が押された。

入国審査を出たところでタイ政府の人たちが待っており、警察の誘導のもと、ジョムティエンまで一直線であった。ホテルも豪華で、仕事で来ていなかったらバケーションにはぴったりのリゾート地であった。

なぜこういった国際会議をリゾート地で行うのか、という疑問もあるだろう。このハイレベル・グループ会合にしても首都であるバンコクで開催した方が便利なはずだ。もちろん大都市は物価が高いので地方都市で行うこともあるようだが、今回のハイレベル・グループ会合に関しては、リゾート地であるジョムティエンで開催した方が安価かというと、必ずしもそうとはいえない。こういった国際会議の場所は大体主催国が決める。今回の主催国であるタイからすれば、観光大国タイを各国の代表者にアピールしたいという宣伝の意味もあるかもしれない。

ハイレベル・グループ会合はタイの大統領の開示の言葉で幕を開けた。私は会議の内容を記録しなければいけないのだが、パソコンのキーボードがフランス語対応で会合の内容をタイプするのが大変であった。休み時間にはユニセフ時代の教育セクション・チーフの旦那さんがフィリピン代表者として出席していたので挨拶した。世界は狭い。

2日目は私の担当するE―9朝食会合があった。参加者は主にE―9国の教育大臣である。この会合はユネスコ事務局長のイリナ・ボコバ氏のホストで開かれた。朝食会合といっても食べるのはおまけで、会議がメインである。私のような下っ端は食べることも許されない雰囲気であった。会合の議題は、識字である。EFAのゴールのなかでも、基礎教育の拡大やジェンダーの平等性に関しては比較的達成されているが、就学前教育や識字の問題は進展が遅れている分野だ。

会合のなかではE―9国が抱える課題や解決法について各国の代表者が意見交換を行う。基本的には大臣レベルの人が情報交換をする場なので、私の上司であるサビーンでも滅多に個人の意見を求められることはなく、私に関しては皆無である。私は博士論文で言語政策について書き、識字教育に関してもそれなりの見識を持っていたつもりであったが、私達はあくまで裏方としてコーディネーションを行う立場なのである。

最終日には、参加国155カ国の大臣を含むシニアレベルの代表者たちが集まり、EFA達成に向けてのコミットメントを「ジョムティエン・ステートメント」として表明した。

EFA会合の後

ジョムティエンのハイレベル・グループ会合から戻ったチームは全員疲れきっていた。心なしか他のユネスコ職員も各国の代表部も疲れているように思えた。私の担当するE—9関係者も例外ではなかった。ハイレベル・グループ会合の後もE—9の会合は定期的に行われていたが、ぽかんとした空気のなかで行われていた。サビーンも「みんなの当初の情熱はどこへ行ったんでしょうね」といってため息をついていた。当時の私の日記には「仕事らしい仕事をしていません。何をしているのでしょう」とある。

4月には、同じくパリにあるユネスコ教育研究所で2週間ほど教育の質を評価するモニタリングのトレーニングがあった。同じくユネスコでJPOをしていたドイツ人の他は、ほとんどのクラスメートがアフリカや中東から来た政府関係者で、おもしろい雰囲気のなかで授業を受けることができた。ドイツ人のＪＰＯとは、境遇が同じということもあり、よく話をした。学士号はオックスフォード大学で取ったそうで、フランス語も流暢であった。ユネスコ教育研究所には多くの出版物があり、トレーニング修了生は、３冊まで無料で持ち帰ることができた。しかしドイツ人ＪＰＯの彼と私は、出版物担当者にチョコレートを差し入れするという手段を使って、我々の興味のあった出版物をすべて無料で持ち帰ることができた。その出版物のいくつかはその後、論文を書く際の参考文献としても使用した。

6月には10日ほど休暇を取ってマニラに行った。ユニセフの元同僚と会うのもそうだが、マニラに本部を置くアジア開発銀行で教育専門官を勤める田島英介氏を訪ねるのが主な目的であった。田島氏とはそれまで面識がなかったが、以前ユネスコに勤務しており、コンサルタントからプログラムスペシャリストになった人であった。田島氏はユネスコ時代に前述の東京大学で教員をしている北村先生と勤務時期が重なっており、共通の知人であった。

突然の訪問にもかかわらず、田島氏は快く対応してくれた。しかし私がＥＦＡのコーディネーション・チームにいるというと眉をひそめた。彼曰く、「ＥＦＡのコーディネーションをしていても、将来国際機関で生き残れるスキルを養える訳でもなければコーディネーション・チームの上司が雇用を保障してくれる訳でもない。それこそＪＰＯや文部科学省からの出向という形で加盟国政府が自国の予算からお金を出して人材を派遣しやすいので、正規のポストが作られる可能性は少ない。ラテンアメリカで活動してきたバックグランドとスペイン語力があるのであればチリのサンチアゴ・オフィスに行くべきだ。そこで専門性を生かして教育プログラムにかかわることができれば教育専門官としての経験やスキルを取得でき、かつ、上司（特に所長）に直接パフォーマンスを見せることができるため、採用につながる可能性がある。そうすべきだ」といわれた。コンサルタントから教育専門官になった田島氏の言葉には重みがあった。

夏休みには日本へ帰国し、外務省を訪問した。JPO担当者に、自分にはラテンアメリカのバックグランドやスペイン語のアドバンテージがあるからサンチアゴ・オフィスに移動したい、という話をした。しかしダメだといわれた。1年で移動すれば、所属する部署の上司も私の評価ができないのがその理由だそうだ。地域事務所で自分の力を試したい、このままユネスコ本部にいても何も有意義なことはできない、というモヤモヤした気持ちが大きくなっていた。しかし私としてもEFA部署のチームメートが好きであったし、自分が担当するE―9イニシアティブを中途半端に投げ出すのは気が引けたので、強くは主張しなかった。

8月の終わりにパリに戻り、残りの夏休みを利用してノルウェーにも行った。前にEFA部署でインターンをしていたノルウェー人の知人がおり、首都であるオスロー周辺を案内してもらった。旅行先にノルウェーを選んだ理由は知人がいたのもあるが、EFA部署の部長がノルウェー人で、彼との話のネタにもなると思ったからである。後述のように、こういった努力が身を結ぶことはなかった。

ユネスコ勤務2年目となる2011年9月からは色々な変化があった。まずはニュー・フェースの登場である。フィンランド出身のJPOハイジがベトナムのハノイ事務所で2年過ごした後、JPOの3年目をパリで勤務するためにEFA部署に加わった。地域事務所から来たということで、ハノイ事務所の様子に関する質問が矢継ぎ早に出た。

当時の私も、その時点でグアテマラやパラグアイ、フィリピンと活動してきたが、ユネスコ内部の人は誰も私の活動内容などについて質問などしてこなかった。特にユネスコのような国際機関において「途上国の経験」とは「同じ国際機関における地域事務所での経験」のことで、小さなNGOや協力隊での経験などは、経験として認めてもらえていないようであった。ハイジはマイペースなように見えて仕事を率先してやり、かつそつなくこなしていた。またノルウェー人の部長もドイツ人の上司もフランス人のコンサルタントも彼女の事を気に入っていた。彼女が有能であったというのもその理由の1つだと思うが、文化的な親近性もあったと思う。その時のEFA部署はグローバル・パートナーシップならぬヨーロピアン・パートナーシップ部署であった。ハイジと私は同じJPOであり、オフィスも隣同士だったのでよく話をしたが、何事も積極的な彼女にちょっとした嫉妬もあった。その時点で私は既に15年近く海外に住んでおり、今さらながらナイーブな見解ではあるが、私は彼女ほど積極的になれない。私はアジア人、そしてやっぱり日本人だなあとつくづく思った。

一般化するのは難しいが、海外の人は自己アピールが上手だとよくいわれる。ある日本人の職員の方は「ユネスコの人間は自分の功績を5倍にも10倍にも誇張していう」といっていたが、自分をうまくアピールできるのも国際機関で生き残るために必要な能力なのだ。私がユネスコを辞める時も上司のサビーンに「貴方の今後のキャリアのためにいっておくけど、ヒロシはリサーチスキルやユーモアのセンスはある（!?）のに、自分のマーケティングの仕方を知らない。そこは改めないといけない」といわれた。それをいわれるとぐうの音も出ない。本当であれば「欧米のマーケティングの仕方が日本のマーケティングの仕方よりも勝っているとどうしたらいえるのさ」といいたいが、結局私は国際機関に残れなかったのだ。

パリ大学MBA

ユネスコ2年目にはパリ第一大学パンテオン・ソルボンヌ校の国際マネージメントプログラムでパートタイムのMBAを履修することにした。ユネスコの仕事は、大きな会合の準備が控えていない場合は、通常午後6時過ぎに終わる。逆に遅くまで残っていると早く帰るようにいわれる。赴任1年目は仕事の後、週に2回ほどフランス語の学校に通っていた。しかしパリでの生活にも慣れ、ユネスコでの仕事にモヤモヤしたものを抱えるようになってきた2年目は、何か違うことがしたくなった。開発経済学にも興味があったが、仕事をしながらパートタイムで履修できるプログラムの多くがＭＢＡであった。またＭＢＡという響きにちょっとした憧れもあった。私は元々ビジネスや経済に興味があり、関連する図書などを自分で読んで勉強していたが、そういった学識を客観的に証明することのできるのはやはり学位だ。

パリおよびその近郊にはＩＮＳＥＡＤやＨＥＣなど世界的に有名なビジネススクールがある。ＥＮＰＣやパリ第三大学などのビジネススクールも有名らしい。またパリから数時間で行ける距離にある英国ケンブリッジ大学のエグゼクティブＭＢＡなども真剣に考慮した。そんななか、パリ第一大学パンテオン・ソルボンヌ校を選んだ理由は場所と時間帯が好都合だったからである。ＩＮＳＥＡＤやＨＥＣなどにもパートタイムのＭＢＡは存在するが、定期的に2週間ずつ職場を休まなければならず、ユネスコでの勤務と両立できるとは考えづらかった。またパリ第一大学は国立で授業料が安かったのも魅力だった。通常のビジネススクールでは4万から5万ユーロはする授業料が、パリ第一大学は1万5千ユーロ（当時のレートで約200万円）であった。パリ第一大学のＭＢＡプログラムは比較的低い授業料にもかかわらず、チェコのプラハ、ベルギーのブリュッセル、そしてイタリアのフィレンツェなどへのフィールド・トリップの旅費も授業料に含まれていた。もちろん入学難易度の低さというのもあった。私のＧＭＡＴ（Graduate Management Admission Test）と同等のスコアでＩＮＳＥＡＤやケンブリッジに合格している人もいるようだったが、そのレベルの大学へ提出するにはやはり恥ずかしい点数であると感じられた。パリ第一大学もＧＭＡＴの提出は必須であったが最低限必要なスコアは記載されておらず、提出しておけば大丈夫という感じであった。書類審査を経て、プログラムディレクターとの面接があったが、試験というよりはプログラムの概要の説明の確認や余談などで終わった。

自分としては当初、職務と学業の両立があまりに大変だった場合、ＭＢＡを取得できなくても仕方ないと思っていた。学位はほしかったが今さらＭＢＡを取得しようがしまいが給料が変わる訳でもない。まわりの人たちからは、「そもそもＰｈ．Ｄ．を持っているのになぜまた修士号を取得しようとするのか。いずれはまた大学生や高校生に戻るつもりか」と笑われたが、一言でいうと自分のための勉強というか、趣味であった。しかし現実にはそんな気持ちで続けられるような甘いプログラムではなかった。ほとんど毎週木曜日、金曜日の午後７時から10時と、土曜日の朝９時から午後４時までが授業に費やされ、アサインメントも多く出された。「マネジリアル・アカウンティング」や「コーポレートファイナンス」などＭＢＡに関連するバックグランドがほとんどない私にとって、多くの授業やアサインメントの内容は難しく感じられた。まわりのみんなに助けられ、ほぼフリーライダー（自分は何もせず、他人の努力に乗っかって何かを成し遂げる人）状態で単位を取ることができた科目もある。そのなかでも「マーケティング」と「戦略」の授業は面白いと感じた。修士論文は、ユネスコのマーケティング戦略について書いた。

第36回ユネスコ総会：パレスチナの加盟

ユネスコには通常2年に1回の総会がある。総会はユネスコの最高意思決定機関である。すべての加盟国が集まり、各加盟国の代表部が条約・勧告の採択、事業計画決定、予算の承認などを行う。

ユネスコは２０１１年10月31日に行われた第36回総会の採択で、パレスチナを正式な加盟国として迎え入れることになった。１７３のユネスコ加盟国が集ってパリで行われた今回の採択では、賛成が１０７、反対14、棄権が52だった。ちなみに日本は棄権している。

盟友イスラエルの敵であるパレスチナを国家扱いする姿勢に、アメリカは猛反発し、ユネスコへの拠出金の支払いを凍結すると発表した。アメリカはユネスコの予算全体の22％を担う最大の拠出国である。だがアメリカの法律では、パレスチナを国家として認める国際機関には資金を出さないと規定されており、米国務省は11月に予定していた２０１１年度の分担金の支払いを凍結した。

総会の直前までは部署内の会議でも残っている予算を今年度中にどのように使うかについて話合っていた。しかし、パレスチナの加盟が認められた後は、各部署の予算も、そしてユネスコに約50あった空席公募も凍結された。パレスチナの加盟は総会の前からある程度予想された事項であり、あらかじめ対策を練っておくべきであった。パレスチナの加盟でアラブ諸国が拠出金を増やしてくれるのではないかという期待もあったのかもしれないが、実際に拠出金を増やした国はほとんどなかった。この時点でユネスコの正規職員になるのは事実上不可能となった。

日本人職員のなかには、まだ私にＪＰＯのステータスがある早い時点で、同じパリにあるＯＥＣＤなどに移った方がいいといってくれた方もいたが、その可能性を探る以前にＥ―９イニシアティブの業務だけはどうしても終えたいという思いがあった。

Ｅ―９シニアオフィシャル会合

２０１１年12月にナイジェリアのアブジャで行われたＥ―９のシニアオフィシャル会合は、ユネスコの予算不足のため出発の数日前まで航空チケットが買えず、本当に行われるのかわからない状態であった。私には日本政府からのＪＰＯ用の予算があり、私だけがシニアオフィシャル会合へ行くという話もあったが、結果的には上司のサビーンも来ることができた。パリからアブジャへ飛ぶにはルフトハンザ航空でフランクフルトを経由して9時間を超えるが、ユネスコの財政状況悪化のため、あてがわれたのはエコノミークラスであった。

私がなぜ、先ほどから飛行機で移動する際にビジネスクラスやエコノミークラスといちいち明記するのか不自然さを覚える人もいるだろう。そもそも国際公務員が職務のために移動する際、ビジネスクラスである必要はないのではないか、という指摘もあるであろう。私も基本的にはビジネスクラスである必要性はないと思っている。ＥＦＡのハイレベル・グループ会合でジョムティエンに行った時も、上司に自分はエコノミークラスで構わないと申し出た。しかし、その申し出には感謝するがチームで移動する際に、1人だけエコノミーで飛ぶと集合時間など、面倒なことになるということであった。またエコノミークラスだと、飛行機のなかで会議のための準備を行うことが困難であり、本番で十分なパフォーマンスを発揮するための体力の温存もできないだろうといわれた。ここは色々な意見があってしかるべきであろう。

アブジャに到着後はジョムティエンの時と同じように入国審査の所で政府関係者が待っていてくれ、警察の誘導で会議が行われるホテルまで向かう。途中、外の景色を見ることはできるが、それだけである。ジョムティエンの時と同様、今回もシニアオフィシャル会合のために3日間、ホテルに缶詰になる。会議に参加する関係者以外の現地の方とコミュニケーションを取る機会はほとんどない。私は開発の世界に足を突っ込んだばかりの頃、このような状況を批判していた。国連職員やＪＩＣＡ職員が国際会議やプロジェクトで多くの途上国に行くといっても、その国のことがどれだけわかるのか、という批判であった。今でもそういった気持ちはあるが、ではどうすれば良いかという具体案は浮かばない。

ちょうど会合の空き時間に、応募していたユネスコのポストの電話面接があった。本来であれば直接ユネスコの本部で行われるものであるが、Ｅ―９の会合のために電話で行われることになった。時間になり、電話が鳴る。「調子はどうだ？ 会議は順調か」と聞き慣れたノルウエー人部長の声がする。知っている人、特に一緒に仕事をしている上司が面接官というのもやりにくい。私のことについてはある程度知っているはずなので、何も聞くこともいうこともないだろう。また私よりもコーディネーションの仕事に向いているフランス人のグレッグが同じＥＦＡ部署におり、部長は彼のことを気に入っていたので私が採用されることはないだろうと思っていた。しかし、結局、グレッグも私も、次のステージには進めなかった。

２０１２年２月に次のＥ―９大臣会合の開催国であるインドの代表部との会合があった。6月はモンスーンの影響で非常に暑くなるため、Ｅ―９大臣会合の日程を9月に順延する（最終的には11月に開催された）という話になった。この時点で私が赴任した２０１０年9月からずっと準備を進めてきたインドでのＥ―９大臣会合に参加できるか雲行きが怪しくなってきた。

２０１２年3月11日、パリのユネスコ本部を会場にして、佐渡裕氏のコンサートが行われた。佐渡氏は世界的に有名な指揮者で、２０１１年の東日本大震災に義援金を送るためのチャリティ・コンサートを行いたいと考えていた。私はそのコンサートの準備にボランティアとして参加した。コンサート当日はそれこそ当日券の販売くらいで、それほどたいした仕事ではなかった。問題は、その日に至るまでの準備である。元々この話をいただいたのは、コンサートが行われる前年２０１１年の11月頃であった。予算を扱う部署の日本人部長が、ユネスコのなかの日本人を有志で招集し、私もできることがあれば、と参加することにしたのだ。日本での総括は、松浦前ユネスコ事務局長ということであった。ポスターの作成から前売り券の販売に至るまで、時にはユネスコの本業をそっちのけで、このボランティアの仕事に従事した。MBAの授業に行けないこともあった。コンサートの日が近づくにつれて歯が痛くなり、虫歯かと思ったのだがこんなにたくさんの歯が同時に痛くなる虫歯なんてあるだろうか、と疑問に思っていた。コンサートは無事に終わり、その日の夜には祝賀会があった。しかし、文科省派遣のAEの方と話をしている時に、ロレツが回らなくなっていることに気付き、佐渡氏や松浦前ユネスコ事務局長に挨拶もできぬまま急いで帰宅した。唇は腫れ、顔の形が変容していた。

翌日も顔の状態は良くなっていなかった。幸いユネスコには病院が付属しているので行ってみると「ストレスが原因による炎症」と診断され、抗生物質を処方してもらった。薬のおかげで3日くらいすると腫れも引き、1週間くらいで元の顔に戻った。このチャリティ・コンサートでの仕事に関しては、EFA部署の上司も評価してくれたが、本来部署内でやるべき仕事を犠牲にした部分もあったので、本心でどのように思われていたのかわからない。私自身、こんなに大変な「ボランティア」になるとは思っていなかった。

ユネスコにおける私の未来

2012年4月になり、9月の契約修了まで5カ月となった時点で上司であるサビーンと今後について話し合った。「9月のE―9大臣会合には是非参加したいが、ちょうどその頃に契約が切れてしまう。いずれにせよ、私の処遇がどうなるか知りたい」とお願いした。

それに対してサビーンは「ヒロシは当然必要な戦力である。JPOとしての契約が終わっても少なくとも2012年末まではコンサルタントして雇うつもりである」という返事だった。だが、ユネスコはパレスチナの加入問題で財政的に厳しい状態であった。JPOを延長するという選択肢も模索したが無理であった。ユネスコ日本代表部は、私が文部科学省からの派遣であれば、必要な業務には延長費用も出すが、外務省派遣は原則2年間で正規ポストの確約が取れない場合は、たとえユネスコと折半でも延長はしないということであった。

私のいたEFA部署は私の前に何人か日本の文部科学省からのアソシエート・エキスパー

トを受け入れていた。私の直属の上司は自身も元々はドイツのアソシエート・エキスパート（この場合はＪＰＯ）であったのだが、文部科学省派遣のアソシエート・エキスパート（文科省職員の出向）と外務省派遣のアソシエート・エキスパート（つまりＪＰＯ）の違いがよくわかっていないようだった（確かに紛らわしい）。私は、９月（結局11月）のＥ―９大臣会合まで無給で残ってもいいと考えていた。たとえＥ―９大臣会合のためにインドへ行けなくても、準備だけでも完遂したいという気持ちがあり、その思いもサビーンに伝えた。

結局９月にＪＰＯの契約が切れたらそれきり、という状況が確定したのは７月末のことであった。ある朝、ノルウェー人の部長に彼のオフィスに呼ばれ、いきなり私の仕事振りが気に食わない、といわれた。今までは満足しているといってくれていたのに、急に態度が豹変した。それどころか「Ｅ―９大臣会合までは無給で働いてもいいといっているらしいがそんなことをいってインドの大臣会合に行こうと思っても無理だぞ」といわれた。しかし私にとってインドに行くこと自体は意味がない。仮にインドに行ったとしても発言する機会すらなく、現地でできることは限られている。だがインドのＥ―９大臣会合の準備は、ユネスコにおける私の仕事であった。

９月で契約が切れた後はユネスコで仕事がないことも、Ｅ―９インドの大臣会合に行けないこともかなり前の段階から覚悟していたが、まさかこのような屈辱的な扱いを受けるとは思っていなかった。契約を1カ月半ほど残して、いわば干された状態になってしまった。

その頃からEFAやパラグアイの言語政策に関する論文を国際学術誌に掲載し始めた。ユネスコでは基本的にそういった論文を個人名で出版するには組織からの許可がいるということであった。しかし就任当初、この件について先ほどのノルウェー人部長に聞いたところ、「職員が学術論文を掲載するというのはユネスコとしても誇りに思うべきこと」といっていた。また何よりも背に腹は代えられない状態であった。何せ、ユネスコでの仕事がなくなるのだ。論文を掲載して大学でも生き残る選択肢を広げないといけない。

サビーンからは「貴方にはもう失うものは何もない。教育局長とも話してみればいい」といわれ、なんとかアポを取って話してみた。だが普通に「今のユネスコの財政状況だと難しい」と流された。同僚のスペイン人のカルメンからも「私も十何年か前にヒロシと同じような状態だった。誰かが拾ってくれたから今の私があるのよ」といわれ、色々と連絡先をもらい連絡してみた。しかしどこからも返事はなかった。

外務省やユネスコ日本代表部の人とも話をしてみたが、時期も時期ということでまったく何も出てこなかった。ある外務省関係者からは「もう少し早くいってくれていれば」という声があった。しかし「もう少し早くいっていれば」どうなっていたのか、と反発したい気持ちもあった。私の状況は報告書という形で定期的に知らせていた。ユネスコ日本代表部からも、就任当初に挨拶に行った時は「ＪＰＯの任期が終わって仮にポストが見つけられなくても日本政府の拠出金からコンサルタントとして雇うこともできる」という話もあった。しかし、いざそうなった時点では、その話はどこかへ消えていた。民主党政権の仕分けや東日本大震災で国際機関への拠出金が大きく減らされたことも影響しているのかもしれない。

日本代表部の私の担当をしてくれていた文部科学省職員の一等書記官は「イトウさんがＥＦＡではなくＥＳＤ（Education for Sustainable Development）の部署にいれば、文部科学省がＥＳＤを推進しているので、２０１４年のＥＳＤ会議までイトウさんを雇うこともできる。しかしＥＦＡは現在、日本政府のプライオリティーではない。正直、今の時点で日本政府がイトウさんにお金を出す理由がない」といわれた。もしＥＦＡではなくＥＳＤが日本政府のプライオリティーであるのなら最初からＥＳＤの部署に推薦してくれれば良かったではないか。そもそもユネスコ本部のような大きな官僚組織で、たった2年で何がわかるのか。パリの生活に慣れるのだって大変だったのに。それならサンチアゴ・オフィスに派遣してくれていれば少なくともフランス語によるハンディはなく、逆にスペイン語ができる日本人ということで道が開けたのではないのか。当時は色々と恨み節も出てきた。しかしすべて自業自得であるのはわかっている。財政的に安定しているＯＥＣＤではなくユネスコを選んだのは自分である。ユネスコのなかでも教育戦略部署ではなくＥＦＡ部署を選んだのも私である。

日本政府にしてもＥＳＤに関連する勉強をしていない私をＥＳＤ部署に推薦するはずもない。

仕事探しに関しては、同じＵＣＬＡの教育大学院で博士号を取得し、現在世界銀行で教育スペシャリストをしている智美さんにもお世話になった。彼女は私の経歴を評価してくれて世銀のキャリアフォーラムのために推薦状を書いてくれた。また米州開発銀行の教育セクションの・チーフの知り合いにもコンタクトを取ってくれた。しかし箸にも棒にもかからなかった。「２０１１年までは日本人のコンサルタントを雇うための日本政府からの信託基金が潤沢にあって、世銀で日本人のコンサルタントを採用するのは難しくなかったんだけど・・・」。結局は自身の力不足を認めざるを得ない。どんな状況でも生き残っている人はいるのだ。

「貴方にはもう失うものは何もない」と上司にいわれた言葉を何度も思い出し、自分なりに努力したつもりだったが、この就職活動中に失ったものは大きかった。私のプライドはズタズタになり、精神的にもボロボロになっていった。仕事が見つからないこともそうだが、それ以上に辞めさせられ方がしんどかった。

契約が終わるのは仕方がない。ユネスコにお金がないのも仕方がない。民主的な決断をした結果、パレスチナが加盟したのだ。むしろ喜ぶべきことである。自分がＥＦＡのコーディネーション業務において能力がないのも事実だ。自分のリサーチスキルを鍛え、国際機関で生き残ることが目的であったなら最初からＯＥＣＤか、ユネスコ内なら少なくとも自分の能力を活かせる教育戦略部署にいくべきであった。自分で選んだ道だ。しかし、当初からの仕事であったE—9イニシアティブの大臣会合に行かせてもらえないという、この辞めさせられ方はないだろう。しかも最初からわかっていたはずの気候が原因で日程が当初の6月（であれば契約期間内なので行くことができた）から9月（最終的には11月）に変更になるなんて、あんまりではないか。

バイバイ、ユネスコ

2012年9月12日、完全に不完全燃焼のままユネスコを去ることになった。結局パリには、MBAの論文合宿などがあり、10月22日まで滞在した。日本に戻り、ゆっくり休む間もなく（もっともゆっくり休める気分でもなく）、10月30日には東京市ヶ谷にあるJICA事務所で短期の青年海外協力隊（エクアドル・環境教育）の面接試験を受けた。通常、協力隊に応募するには指定の項目を満たした健康診断書の提出が求められるが、このエクアドルの案件は3カ月以内の派遣ということで問診のみだったのでまだパリに居る8月に応募していたのだ。面接の待合室でちょうど同じ案件を受験するパラグアイOGの方と話をする機会があった。なんでも環境NGOで働いた経験のあるらしく、「あー、これはダメだ。この人の方が適任だ」と思った。

面接中もたいしたことはいえなかった。自身の環境に関わる経験やなぜまたボランティアを行うのかに関する質問があった。前者についてはグアテマラのＮＧＯで河川清掃やゴミ問題に取り組んだ話などした。後者についてはパラグアイで協力隊をした経験からボランティアにはボランティアにしかできないことがあり、たとえば住民と話をし、お互いが学んだことというのは目に見える結果としてすぐにあらわれる訳ではないので専門家ではなかなかできないが、ボランティアなら可能である、といった内容の話をした。しかし手応えはまったくなかった。また同じ日に以前から興味を持っていたＪＩＣＡのジュニア専門員の説明会にも参加した。アフリカで基礎教育のパートナーシップ構築に携わる案件があり、私の気持ちはジュニア専門員に傾いていた。

11月9日、上記の環境教育の短期協力隊員として合格したという知らせが郵便で届いた。他に適任者（環境ＮＧＯで働いた経験のあるパラグアイ隊員ＯＧ）がいるのに不思議だと思うと同時に、どうするべきか迷い始めた。もしエクアドルに行くのなら出発は２０１３年の1月10日、帰国は同年4月9日である。ジュニア専門員の面接日がエクアドル出発日のすぐ後の1月12日であった。しかも仮にジュニア専門員に合格した場合、ジュニア専門員の勤務開始日は4月1日になる。この日程の件に関しては協力隊事務局にも問い合わせてみたが、もし短期協力隊に参加するなら、そもそもジュニア専門員の面接も受けることができず、協力隊の任期も短縮するのが前提となるため、ジュニア専門員はあきらめなければならなかった。エクアドルには行きたいが、ジュニア専門員にはもっとなりたい。エクアドルは3カ月であるがジュニア専門員は最長3年であり、国際開発の世界でキャリアを続けていくのであればその後にもつながる。数日間、悩みに悩んで短期協力隊は辞退することにした。

ちょうど協力隊事務局へ断りのメールを書いて見直しているところにタイの父からスカイプがあった。「短期とはいえ、目の前に仕事があるのはありがたいことだ。私としてはエクアドルに行く方を押す」という意外なサポートがあった。私は「ジュニア専門員もやりたいし、仮にそれがダメでも大学の教員になるという手もある。エクアドルには行かないで、その間に職探しをした方がいいのではないかと考えている」といった。父は「もちろん自信があるなら、それもいい。ただ大学の教員の採用プロセスは見えない部分が多い。特に文系の採用基準はよくわからん」といわれた。日本でも大学教員を長くやってきた父の言葉である。事実、それまでもいくつかの大学の、それも期限付きのポストに応募してきたのだが、すべて書類審査の時点で不採用であった。母も「できることならエクアドルに行かせてあげたい」といってくれた。通常、この状況であれば、親は子に「3カ月間、協力隊でエクアドルに行くよりも日本で長期の仕事を探せ」というと思うが、私の親はまったく反対であった。両親とも「(2013年の)4月にエクアドルから帰ってきてから、翌年(2014年)の4月から仕事を始めるつもりで、ゆっくり仕事を探せばいい」と提案してくれた。

ちょうど協力隊からの合格通知を受け取った頃に私は現在の勤務校である名古屋商科大学のポストに応募していた。２年間の期限付きのポストで、文部科学省の産業界ニーズプロジェクトを担当する教員を探しているとのことであった。求められている人材は基本的には教育学に精通しており、かつ産業界のこともある程度わかっている者ということで、まあ自分もそれほど外れていないだろうという思いで応募した。ただ他の大学のポストでもたとえば国際協力や国際教育、グローバル人材育成のポストで「自分にぴったり」と思う案件でも、書類選考で落とされていたので自信はなかった。

11月の下旬に東京で２日間、協力隊の研修があった。その初日の朝に名古屋商科大学の教務担当の方から電話をいただいた。応募した案件に関してお互いの情報交換のためにも、とりあえずざっくばらんに話をしたいということであった。ただ、仮に名商大のそのポストに合格したとしても勤務開始が２０１３年の１月からということだったので、「２０１３年の１月からエクアドルに行くことになっているので４月からの勤務にしてほしい」ということだけは伝えた。協力隊の研修最終日に研修が終わってすぐ愛知県日進市にある名古屋商科大学へ向かった。会合に応じてくれたのは電話をいただいた教務担当の方と、産業界ニーズプロジェクトを担当する亀倉教授であった。はじめに私は基本的に教育学を専門としており、

MBAを持ってはいるが、特に東海地方の地域産業のことはわからないということを話した。それに対して彼らは、その点については問題ない、私の専門や経験を活かしてほしいということであった。その他、仕事内容について簡単なブリーフィングを行ってもらった。基本的には、ビジョン・プラニング・セミナー（現アクティブラーニング入門）という初年次教育と他の大学（東海地方でプロジェクトに参加している6大学および中部圏23大学）との連携業務を担当するということであった。また仮に採用になった場合の契約内容についても説明をしてもらった。教務の方は期限付きポストということで心配してくれているようだったが、私としては契約が不安定なことに関しては問題なかった。

その後、正式な面接日程に関するメールが届いた。私はその時またフランスに行っており、その後もエクアドルに行く前にアルゼンチンへ旅行する予定があったのでほとんど空いている日はなかった。そのような状況で就職活動をしていることすらおこがましいのだが、名商大側はそのような私のわがままを聞いてくれ、本当にここしかないというタイミングで面接の日程を調整してくれた。結局はアルゼンチンにいる年末に合格の知らせが届き、正式な契約内容に関してはエクアドルに旅立つ前日に届いた。前述のように当初は2年契約の期限付き講師だったが、結局は期限なしの准教授として採用されることになった。

もちろん名商大に受かる保証はなかったので、正式な契約内容が手元に届くまでは他の大学のポストへも複数応募していた。当初、国際協力やグローバル人材育成に関連する案件の教員公募にはそれなりに自信があった。思い上がりかもしれないが、経歴が他の応募者と比較して負けているとは思えなかった。元々学問の世界におらず、自分の名前で論文を書き始めたのが遅かったため累計本数は少なかったが、査読付き論文も2012年の後半だけで国際学術誌に4本掲載していた。そして応募したポストのほとんどが3年などの期限付きのものであった。しかし自信はすぐに不安へと変わった。

面接まで進んだのは名古屋商科大学と東京のT大学の2つだけで、他は書類選考ですべて落とされた。T大学も3年の期限付きで特任講師という役職であったが国際教育のコーディネーターのような立場で授業を持つことはない、という内容であった。前述のようにユネスコでコーディネーション業務に携わり、その経験をなんとか面接の内容として活かせないかと考えていた。しかし英語で書いて提出しなければならない書類を日本語で提出するという、あるまじき失態を犯してしまった。また面接時にも、向こうから「失礼な質問ですが、伊藤さんはよく職を変えていますね。それでよく生活が成り立っていましたね」といわれた。私は「同じ所にずっといてはつまらないので、できるだけたくさんの経験をして死にたいと思っています」という内容の返事をした。そこにいる面接官は、大学間での移動こそあれ、おそらくはほぼ同じ場所にずっといる人たちであり、私の返事もかなり失礼なものだったと思う。そして当然のように不合格であった。

その他の大学に関しても、不合格だった理由は当然わからない。大学教員としての経験がなかったことと、その割には37歳と高齢だったことが考えられる。また他の大学への応募時にもT大の時のように提出書類にミスがあった可能性も否定できない。できれば不採用の理由を教えてほしいが私が大学の人事担当でも問い合わせには応じないだろう。単純に不採用の理由を教えるのが面倒くさいのもあるが、そうすることにより不採用の理由の理由を説明しなければならなくなるからだ。たとえばある大学が私を不採用にしたとしてその理由を「学歴」や「経験」とした場合、私は他の応募者の学歴や経験を知りたいから教えてくれと大学の人事に頼むかもしれない。大学側とすればこのような問い合わせにはいちいち応じていられないだろう。これは大学教員と学生の場合にも当てはまるかもしれない。教員も評価に対して透明度を高めようとすればするほど、評価に関する労力が増え、学生からの評価に対する文句も多くなる。たとえば小テストやレポートなどでも「こういう理由で何点」と公開すればするほど「なぜなんだ」と反応も増える。平常点などを公開せずに定期試験だけで評価する方が学生からのクレームも少ない。無論、教育評価の観点からすれば評価の透明度は高ければ高いほどいいはずなのだが、人間の心理というものはどうもそう単純ではないらしい。何はともあれ現在の勤務校である名古屋商科大学に拾ってもらってよかった。

あとがき

筆者は２０１０年9月から２０１２年9月までユネスコでＪＰＯとして勤務した。国際公務員として国際機関で働くことは私の人生における１つの大きな目標であり、それなりにビジョン形成を繰り返し行いながらやっとたどり着いた目標でもあった。しかしユネスコで働くという形でその目標を達成した35歳からは明確なビジョンが描けなくなってしまった。特にユネスコ勤務2年目を過ぎたあたりからは、その後どうするべきなのかわからず迷子のようになってしまった。

私は生きる意味（個人レベルのミッション）というものを考えた場合、何らかの形で社会にかかわり貢献するものだと父に教えられたこともあり、その一環として国際協力という存在があった。そのミッション達成のためのいわば手段としてＮＧＯや青年海外協力隊、ユニセフやユネスコなどで勤務してきたといえる。国際協力にかかわる媒体として国連という選択肢があり、私は国連で働くこと自体が目的というよりは、国際協力に携わる者として国連がどんなところなのかを実感したくてＪＰＯになった。とりあえず実際にやらないとわからないことも多々あるはずだ、という思いがあった。そしてそれ自体は間違っていなかったと思っている。

たとえば協力隊にしても2年やそこら途上国にいたからといって、その国のことを100％知ったことにはならない。ただし、2年間いた人と、そうでない人の間では、どのように過ごすかにもよるが、その国に対する理解の差は大きいはずだ。

国連のような国際機関もしばしば何の役に立っているのかと批判される。巨大な官僚組織として無駄な部分が多いのは認めざるを得ない事実である。しかし、だからと言って、まったく必要ない組織かどうかは別の問題である。ポジティブな面もネガティブな面も、中で働いてみないとわからないこともある。

しかしＪＰＯは、外務省が国際機関における日本人職員の数を増やすために行っている制度である。その観点からすると筆者は国際機関に残るという意味では失敗した「負け犬」ではある。ユネスコを辞めざるを得なかった理由は、本文中でも述べたように、パレスチナの加盟によるアメリカの拠出金凍結や東日本大震災による日本の拠出金削減など外的な要素もあるが、人生のミッションとビジョンをはき違えたり、自分をうまくマーケティングできなかったという内的な能力不足の部分が大きい。ミッションとビジョンのはき違えにおいては、35歳までと違ってＪＰＯ以降のビジョンがはっきりと浮かばなかった。国際協力を通して社会に貢献するというミッションを達成するための、国際公務員になるというビジョンが、気がつけばミッションそのものになってしまっていた。自分をうまくマーケティングできなかったという点においても、ただ仕事をこなしていくだけでは、国際機関では生き残れないということを頭ではわかっていたつもりであったが、行動に移せなかった。自分が「やりたいこと」、そして「貢献できること」を常に意識し、チャンスが来た時に「私がやる」と主張し、実行できるよう準備しておかなければならない。

JPOのなかで任期終了後も国際機関に残るのは4割程度といわれている。もちろん、なかには、北村先生のように国際公務員を続ける能力や環境があったにもかかわらず、諸々の理由により、そうしなかった人もいるだろう。一方で、国際機関に残り勤務を続けたかったが、これもまた諸々の理由によりそれが叶わず違う道を選んだ人もいるだろう。私の場合、もう少し国際機関でやれるだけやりたかったという不完全燃焼感がある。また、ただ契約が切れるからという以上の後味の悪い辞め方になってしまったことにも悔いがある。もちろんこういった苦い経験から学んだことも多いが、やはり今後JPOや国際公務員を目指す人に、こういった後悔はしてほしくない。本書がその一助になれば幸いである。

《著者紹介》

伊藤　博（いとう・ひろし）

成城大学文芸学部英文学科卒業。コロンビア大学ティーチャーズ・カレッジ大学院修士課程（MA in Education），カリフォルニア大学ロサンゼルス校教育大学院博士課程（Ph. D. in Education），パリ第一大学パンテオン・ソルボンヌ校経営大学院修士課程修了（MBA），名古屋大学大学院環境学研究科博士課程修了（環境学博士）。教育サービス会社（米国），NGO（グアテマラ），青年海外協力隊（パラグアイおよびエクアドル），国連児童基金（フィリピン），国連教育科学文化機関（フランス）等を経て現在，名古屋商科大学ビジネススクールマネージメント研究科教授および環境省中部環境パートナーシップオフィス外部評価委員。専門は国際教育開発，環境政策，NPOマネージメント・マーケティング。

主な論文には，

EFA, civil society and the post-2015 agenda. *Compare: A Journal of Comparative and International Education 42*(6): 187-198, 2012. A review of Toyota City's eco-policy: Changes in citizens' awareness between 2012-2015. *Urban Research and Practice 11*(1): 19-36, 2016. Associations between socio-demographic factors and environmental knowledge in the city of Toyota, Japan. *Applied Environmental Education & Communication 17*(3): 215-228, 2017. Are professional nonprofits more marketing oriented? Evidence from a survey of NPOs in Japan. *Nonprofit Review 17*(2): 89-100, 2017. Debt swaps for financing education: Exploration of new funding resources. *Cogent Economics and Finance 6*(1): 1-10, 2018. Assessing and promoting eco-policies in Toyota City, Japan. *Policy Design and Practice 2*(1): 35-52, 2019. Expanding the prevailing behavioral model in a social marketing context: A case study of an eco-point system to promote eco-policies in Toyota City, Japan. *Journal of Nonprofit & Public Sector Marketing In Press*, 2020. Instructors' understanding, practices, and issues regarding the use of the case method in higher education. *Further and Higher Education In Press*, 2020.

（検印省略）

2017年4月10日　初版発行
2020年4月10日　改訂版発行　　略称－JPO

国際機関への就職［改訂版］

―NGO，協力隊からJPOへ―

著　者　伊藤　博
発行者　塚田尚寛

発行所　東京都文京区春日2－13－1　株式会社　創成社

電　話 03（3868）3867　　F A X 03（5802）6802
出版部 03（3868）3857　　F A X 03（5802）6801
http://www.books-sosei.com　振　替 00150-9-191261

定価はカバーに表示してあります。

ISBN978-4-7944-4083-9 C3036
Printed in Japan

組版：でーた工房　印刷：亜細亜印刷
製本：宮製本所
落丁・乱丁本はお取り替えいたします。